当我成为一个孩子的母亲

雪松 著

生活·讀書·新知 三联书店 生活書店出版有限公司

写 给 已 为 人 母 的 你

图书在版编目（CIP）数据

当我成为一个孩子的母亲 / 雪松著．-- 北京：生活书店出版有限公司，2015.7

ISBN 978-7-80768-099-4

Ⅰ．①当… Ⅱ．①雪… Ⅲ．①家庭教育 Ⅳ．①G78

中国版本图书馆 CIP 数据核字（2015）第 127523 号

策 划 人　李　娟
特约编辑　碧　英
责任编辑　李　娟
营销编辑　张　妍
封面设计　视觉共振设计工作室
版式设计　申设计
责任印制　常宁强
出版发行　生活书店出版有限公司
（北京市东城区美术馆东街22号）
邮　　编　100010
经　　销　新华书店
印　　刷　鸿博昊天科技有限公司
版　　次　2015年7月北京第1版
2015年7月北京第1次印刷
开　　本　787毫米×1092毫米　1/32　印张7.75
字　　数　120千字
印　　数　00,001-15,000册
定　　价　38.00元
（印装查询：010-64052066；邮购查询：010-84010542）

我是如此相信母亲的力量会带给一个人一生的勇气。

我们对生活的追求和探索，

是一种不可估量的潜流，

流过我们生命的瞬间，也流过我们孩子的心头。

推荐序

当我们被母亲的身份包裹得严严实实时，我们就逐渐失去了知觉，失去了独立思考的能力，失去了独立判断的能力，就像失去了双脚，我们只能被汹涌的人潮裹挟着被冲向未知的方向，我们以为我们在思考，在选择，其实那只是人潮的思考和选择。我们时常会被人潮中的焦虑和不安击中。

这些文字，让我得以从最最具体的生活细节中跳脱出来，去观察，去体会，去思考——成为母亲意味着什么；它们逐渐让我成为一个清醒的母亲，即便在人潮中我会困惑，会彷徨，但我不会迷失。

我渐渐清楚我牵着那只小小的手要往哪里去。

碧英

自　序

这本小册子，是好友碧英从我芜杂的文字中耐心辑出的。她是一个六岁女孩的妈妈，她说，这些文字鼓舞了她遵从自己的内心，选择了一条她最渴望的做母亲的道路，于我而言，这是莫大的欣慰和荣耀。

我是一个受过学前教育学专业训练的母亲。无疑我是幸运的，我的专业背景，让我在做母亲这条道路上，走得轻松、愉快而坚定。

过去的20年，我和儿子共同成长。我替他选择了放弃幼儿园教育，因为过于熟悉这个领域，我不能无视它的弊端；当幼升小、小升初的家长们积极努力地为孩子择校时，我平常心地让孩子就近入学，在最普通的学校最普通的班级，完成了九年义务教育。这丝毫没有妨碍他成为一名优秀的学生、一个身心健康的年轻人。

而今，正值中国教育改革的振荡期，过于依赖名校的名气，为孩子镀一个灿烂的未来，让很多家长无所适从。所以，作为母亲，你更要靠自己，依靠自己独立的思考，帮助孩子配置有效的教育资源，实现家庭教育的目标和责任。

在字里行间，我对幼儿园教育毫不留情地给予了指责和批评，所有这些情绪源自若干年前，我对中国学前教育的认知。儿子入读大学后，我重归幼教队伍，用了相当的时间走访当下的各级各类幼儿园，情形已较从前大为改观，但仍问题多多，不容盲目乐观。

我体恤幼儿教师，充分尊重她们的工作，我写这些的出发点，是希望家庭教育能充分弥补幼儿园教育的不足。

最后，希望我为人母的经验可以对你有所启发，要深信，母亲才是孩子最好的伙伴！我们要一路陪伴他们，领略成长的美好风景！

谢谢碧英，祝福天下母亲！

雪松

2015年初春 于北京

目 录

壹

我是如此相信母亲的力量会带给一个人一生的勇气。我相信我们对生活的态度和理解无时无刻不在通过我们的言谈举止渗透给我们年幼的孩子。我们对生活的追求和探索，是一种不可估量的潜流，流过我们生命的瞬间，也流过我们孩子的心头。

贰

作为母亲，我们应该像珍惜自己的眼睛般地珍惜孩子最初显现出来的兴趣，我们最起码要交给他们一把犁，然后鼓励他们倾注更多的精力关注他们的土地。

叁

我要我的孩子相信，人可能通过卑劣获取功利的享受，但人只能通过善良获得心灵的安谧。我渴望我的孩子在满足温饱的前提下，更多地获取人生内在的追求，那才是人之所以为人最宝贵的财富。

肆

我对幼儿园教育评价的根本目的，是尝试着和家长们一起走进幼儿园紧闭的大门，我们在探视孩子生活的同时，思考我们给予孩子的究竟是什么。

伍

学好，玩好，生活好。这是我考量各阶段孩子成长质量的综合内容。如果都很好了，那么最终他考上了怎样一所大学，我不以为意。

陆

如果家庭教育能有规划地为孩子谋幸福，针对孩子的每一年龄阶段，能将可提供的资源有效配置，就会最大限度地减少孩子从学校教育中所受的伤害。

壹

我是如此相信母亲的力量会带给一个人一生的勇气。我相信我们对生活的态度和理解无时无刻不在通过我们的言谈举止渗透给我们年幼的孩子。我们对生活的追求和探索，是一种不可估量的潜流，流过我们生命的瞬间，也流过我们孩子的心头。

我们太容易

把自己的感受当作孩子的感受。

人类的训练者

在柏拉图的《申辩篇》里，苏格拉底对卡亚斯说：“如果你的两个儿子仅仅是小马驹或小公牛，那么我们可以为他们雇用一个训练者，让他们获得美和善，以及他们希望的一切，我们的训练者应该是一个骑手或牧民。但现在他们是人，你心目中有没有合适的训练者呢？这个训练者能理解一个人和一个公民应该是怎么样的吗？”

这段文字曾令我百感交集，它告诉我：早在那个遥远的时代，思想家们便深刻地意识到了人的复杂性和教育的难度。

在选择人类的“训练者”时，我们必须是审慎的，对其基本的要求是：“理解一个人和公民该是怎么样的。”

而直到今天，我们似乎仍不能苛求我们的“训练者”。她们首先仍由母亲来担当，我们却从来没有真正建立过衡量母亲的标准。只要你是女人，你有生育能力，你就有资格做母亲，你似乎也有能力做母亲，没什么比这更天经地义了。

我们渴望孩子受好的教育，但这仅仅停留在对学校、对教师的选择上，我们使用和苏格拉底一样挑剔的眼光来挑剔学校和教师，却独独忽略了母亲的基本素质。

母亲才是人类基础训练的贯穿始终者，她所肩负的是一份高尚的责任，她的基本素质表现在她对社会、对人尽可能深刻的理解上。这是苏格拉底断言的，也是当代心理和教育科学一次又一次证实的。

母亲的力量很可能左右孩子的一生，在此，弗洛伊德医生走得更远。他在患者身上无不看到母亲的身影，他治疗的目的似乎就放在从患者的潜意识里呼唤出母亲早年的扭曲形象，精神病患者似乎只有正视了他所受到的母亲超乎一般的影响，他们才可能摆脱病态的精神症状。

母亲是人类最合理合法的“训练者”，但母亲是否把人作为人来训练、她们是不是无意间把她们的孩子视作了“小马驹”或“小公牛”，好像没有人提出过异议。在此，母亲似乎拥有至高无上的权力，她们因给予了孩子生命，而尽可以为所欲为。这从当今频繁发生的母亲虐待孩子的事件中可见一斑。

我是母亲，我是一个幸运的母亲。因为我碰巧读到了苏格拉底的那段话，我又碰巧具备基本的思考能力，所以，我决定在“理解一个人和一个公民”这件事上付出我理应付出的努力，我将时刻记住我是一个“训练者”——一个“人”的训练者。

一扇通向生活的门

我是母亲，我所能给予孩子的是一扇门——一扇通向生活的最直接的大门。它要尽可能地宽敞，足以让我的孩子昂首阔步地走向属于他的那一种独特的生活。

而我，必须自始至终地站在我的大门外，我要尽可能看到属于我们共同的人生场景，我应该有能力分辨哪一些是我要的，哪一些是我儿子要的。我清楚我们会成为两个全然不同的生命个体。他提着他的筐，我背着我的篓，我们所采摘的生活内容很可能大相径庭。这没关系，只要我们本着对生活的基本责任和热情，我们收获的都不会差。

我相信，我今天能看多远，我的孩子就可能走多远。我的目光，是那扇门外最神奇的一条小路，它铺设到哪里，我的孩子就有可能走到哪里，甚至更远，因为他会用他的目光来衔接我的目光。他会走向他最渴望的那片海域，然后，他选择去探险，我会浸着激动的泪水目送他的船起锚。

我知道总有一天，我在我的孩子面前会变得无能为力。这不要紧，只要相信我曾经给予的，只要相信他根深蒂固地承继的，他的帆、他的楫就一定是强而有力的。

我是如此相信母亲的力量会带给一个人一生的勇气。我相信我们对生活的态度和理解无时无刻不在通过我们的言谈举止渗透给我们年幼的孩子。我们对生活的追求和探索，是一种不可估量的潜流，流过我们生命的瞬间，也流过我们孩子的心头。

我坚定不移地相信，我们得以打开我们孩子面前那扇大门的钥匙，是我们通过生活的实践和从真正有益于我们生存的书本中获得的。当我们无法刻意冲破现实生活的局限时，我们最便利的选择是通过阅读来进一步理解生活。我们在受益匪浅的同时，获得了那把足以开启属于我们孩子生活大门的钥匙。

它是种种明确的生活方向，摆在孩子豁然开朗的眼前，他选择他最想要的，然后，他目标明确地向前走。

只有保持对知识的渴望，对生活的执着，我们才有最大的可能培养起孩子同样的品质。

从我做起，从现在做起，不是陈词滥调，它是将我们和孩子领向共同幸福的基本保证。

母爱的阴影

对人而言，有一种枷锁是最残忍的。远远看去，它是一副冠冕堂皇的饰物，像孙悟空的“紧箍咒”，不明就里的人一定认为猴子的额上如果少了那黄灿灿的家什儿，定然失了神采。其实，我们都知道，那是如来佛套在悟空头上的“枷锁”。我们每个人都可能有一副与生俱来的枷锁，它恰恰是我们的母亲以所谓“爱”的名义亲手套上去的，我们的一生都有可能挣扎在这副枷锁之下。

古希腊埃斯库罗斯的戏剧《俄瑞斯忒斯》，讲述了一个儿子亲手弑母的故事。当那个恶贯满盈的母亲企图以她虚伪的爱来蛊惑俄瑞斯忒斯时，作为儿子的他浑身一阵酥软，将剑失落在地，但当他发现那纯粹又是母亲的欺骗手段后，最终举起了剑，结束了那个生养了他的女人的性命。

这部戏最耐人寻味的部分在结局，众神决议审判俄瑞斯忒斯，雅典娜主持了那场沉重的审判。他们都相信审判结果将会对人类的未来举足轻重。陪审团最终的裁决是有罪和无罪各占一半，决定性的一票落在了雅典娜的手里。她慎重地向法庭宣布：人类要前进就必须摆脱心存憎恨的父母的束缚！

早在古希腊，人类已经获得了这样的答案，但前提是：你的父母必须是“心存憎恨”的。它没有提到“爱”也可能带来同样的灾难。

弗洛伊德以一个心理医生的敏锐和深刻为这种灾难命名——俄狄浦斯情结，它同样取自一个古希腊的神话故事。故事展开了另一个极端的例子，儿子娶母为妻。当然，弗洛伊德博士认为这种“情结”是病态的，它源自母亲错误的教养方式。我们也可以说是母亲对爱的一种根本性的错误理解，它要么得自母亲对儿子过度的宠爱，要么缘于过分的束缚。

最让我触目惊心的记录来自罗洛·梅医生的一份病例。一个三十多岁的男人因自己的同性恋情结而苦恼，他害怕和女性接触，并无法完成自己的博士论文。他在接受心理治疗时，讲述了他和他母亲的关系。他在母亲对父亲的控诉声中长大，他对父亲充满了鄙视，在母亲的心目中，他完全取代了父亲的分量，母亲和他亲密无间，甚至不隐瞒自己的情人。他同样成为母亲的一种炫耀，从儿时开始他就知道，他必须满足母亲的愿望，才能真正地获得她的爱。事实上，他后来承认，自己一直生活在母爱的阴影里。

今天看来，我们也没有能力走出这个爱的樊笼。母亲的愿望高于一切，这已经深入孩子的骨髓，孩子没有自己的需要，他要满足的只是母亲的需要，最可怕的还是一种母亲虚荣心的需要。这不是爱，这是一种占有。

我不愿意看到，孩子必须挣脱我们的枷锁，才能拥有健康的情感、健康的生活。所以，我要说：此时此刻，的确到了我们必须反省爱的艰难时刻了！

理解孩子，控制自己

在我看来，“理解”和“控制”是教养儿童过程中最为关键的字眼。作为母亲，我们需要最基本的理解力和控制力：从理解我们自身的成长过程开始到理解孩子的行为；从控制我们自己的行为开始到控制孩子成长的内外环境。

这种理解和控制从孕前期就已经开始。当我们决定扮演母亲的角色时，我们首先要理解：“一个在身体发育方面做好准备的未来母亲，就像一个‘配备充足的食品市场’。”我们要控制的是我们的饮食结构，一切都在为这个“市场”提供必要的储备。

我们要理解妊娠的不同时期胎儿的不同需要，理解母亲的情绪是导致胎儿情绪特点的根本缘由。一个没有能力控制自身情绪的母亲，不仅给她孩子的一生设置了重峦叠嶂，也给她养育孩子的过程制造了无尽的烦恼。

就我个人的感受而言，孩子出生后即刻表现出的情绪特点，奠定了母子关系的基本类型。情绪稳定、安静、容易满足的孩子，轻而易举地和母亲建立了融洽亲切的关系。那些烦躁、易怒、情绪不稳定的孩子，给母亲带来疲惫和恼怒。当做母亲的新鲜感已过，母子之间的关系很容易出现陌生感、厌倦感，甚至敌对情绪。

十年来，我做母亲的全部乐趣得益于我和儿子是一对情绪稳定的母子。不哭不闹的婴儿，带给我的是初为人母的从容。当我能迅速理解孩子的需要时，他给我的要么是满足的微笑，要么是甜甜的睡相。对于婴儿期的孩子，母亲需要控制的是将孩子的需要作为生活的第一需要，并及时做出反应。

随着孩子的长大，我们要试着理解他的行为，要试着理解他行为背后的心理因素，我们需要学会控制的是自己的表达。批评还是表扬？奖励还是惩罚？我们要控制的是我们表达的方式和行为的分寸。我们的控制为孩子营造了一个安全的氛围，在这个无形的暖房子里，孩子得以健康成长。

我们的理解力要随着孩子的成长而成长，因为我们要应付的内容变得越来越复杂。青春期的孩子往往变得不可理喻，这将是我们面临的最严峻的考验。我们很可能越来越难以控制行为话语，我们心烦意乱的时候，很可能也是孩子不知所措、最需要帮助的时候。

作为母亲，我在理解孩子成长的过程中，理解了我自己的成长，我在控制自己言行的同时，引导孩子建立起他的自我控制能力。“教育”不是表述帮助孩子成长的最佳词汇，它时时让人想到一张张装模作样的生硬面孔。“理解孩子”“控制自己”概括了教育的全部过程，它让我们在保有一张和蔼可亲的面孔的同时，将手中的戒尺永远留给了自己。

母亲的位置

尽管我强烈地意识到母亲在孩子生活中的重要意义，但我更强烈地意识到过分夸大母亲的价值和作用，同样可能导致孩子滑向另一个可怕的人生边缘。尽管我对弗洛伊德所谓的“俄狄浦斯情结”(恋母情结)持有怀疑的态度，但毕竟它来自精神病患者白纸黑字的病例。

我相信，如何正确摆放母亲的位置，这取决于一个母亲对于儿童的态度。在成人的世界里，我们最基本的人际交往经验是：如果我们珍惜一个人，我们必须充分地尊重他。尊重属于他个人的权利，否则我们很可能会失去他，因为他早晚有一天会厌倦我们企图占有他的态度和方式。

对待儿童，道理一样。作为母亲最大的遗憾莫过于轻视孩子的感受。我们太容易把自己的感受当作孩子的感受。闭上眼睛回首往事，我们童年时代最渴望的是什么？我们的母亲是不是足以理解我们的愿望？那些时时纠缠着我们的失落和失望是不是一样在纠缠着我们的孩子？

这是需要母亲们常常扪心自问的。

重视孩子的要求，重视用清楚而浅显的道理来解释他要求实现的可能和不能，充分相信孩子的理解力，相信他能够理解我们满足他要求的局限性。这是一个母亲建立和孩子平等关系的基础。

今天，当我的孩子在商场的货架中间流连忘返时，看着昂贵的标价，他甚至比我先行咂舌。他从不提过分的要求，他很清楚我的合理支付在哪一个水平上。

我在十分感动的同时，更深刻地相信我们的孩子有足够的潜力来理解我们更多的生活态度和生活方式。

随着孩子年龄的增长，母亲理应学会的是淡出孩子的生活，让他们有更多的时间，参与到母子关系之外更广泛的人际交往中去。他应该像爱母亲一样爱其他的家庭成员，他应该有自己的朋友，有充裕的时间陪伴他的朋友。

而母亲在远远地凝视他的生活，以及他渐行渐远的背影时，我们必须清楚，爱孩子不是紧紧地守住，而是放心地把他交出去，交给社会，交给他自己的生活。

我曾竭力克制自己不去干涉孩子和同伴的玩耍，我努力要求自己相信，他们有能力解决他们的矛盾。而我的惊喜还在于，他们在遇到无法解决的问题时，寻求解决的权威，仍然是我。

我又发现，耐心地等待他们的求助，比横加干涉所收获的效果更为事半功倍。

在母子关系的问题上，张弛是一种分寸，一种需要我们付出用心和耐心把握的尺度。

母亲的职责

我是母亲，我究竟能为我的孩子做些什么？我所能提供的教育和影响是不是足以让我的孩子得到他希望得到的生活方式，而我的生活方式在他的理想中具有怎样的位置和分量？

今天，一个人成长的复杂因素像无数未解之谜一样，渐渐在我们的面前掀开神秘的面纱。我们大概理解了究竟是哪些必然的因素导致了人和人之间的千差万别，我们概括性地将它们称作“遗传、环境和教育”。

而在这笼统的概念中，母亲所左右的似乎可以称得上全部。对一个母亲而言，如果她具备优生学的常识，她完全有可能改善她孩子的遗传素质；如果她清楚什么样的环境更适合一个儿童的成长，她在可能的条件下，可以采取改善环境的做法来更大限度地满足孩子的成长需求；如果她具备评价教育的标准，她还有最大的可能帮助她的孩子选择最合适的教育方式和教育方法。

母亲看似是万能的，她像是一个真正的上帝，左右着孩子的命运。

对于一个目的明确的母亲，她的理想完全有可能成为她孩子的理想和她的现实。这在我个人的成长经历中有着深刻的印迹。我母亲年轻时最崇尚的两种职业，一个是音乐家，一个是作家。而今，我对文学的爱好和弟弟对音乐的兴趣，成了她最得意之处。今天看来，我们丝毫没有被左右的感觉，我们深刻的体会是，这一切仿佛源自我们血液的深沉激荡。

我们是在母亲的“必然”中长大的，我们比一般人少走了一些弯路，我们自始至终地知道自己的目的所在，我们的全部努力在于尝试如何以更好的方式成就我们想象中的那一种生命状态。

没有受益于指导的生活很可能自始至终是盲目的，他首先要通过自己的努力去寻找值得努力的方向，他很可能冒这样的风险：历尽艰难终于实现了所追求的目标，却发现它并不是自己真正想要的。

我因此而深信，为母亲的所能是从根本上改善自己的生活态度，试图寻找我们自己赖以成长的诸多因素，然后在我们为自己找到真正方向的同时，帮助我们的孩子找到方向。

我当然坚决反对把自己的意志强加给孩子的做法，我所奢望的是我们有能力为孩子真正提供建设性的建议和方法。我们在帮助他们建立起对人生憧憬的同时，更可能为他们指出切实可行的方案。

唯如此，我们才无愧于母亲的职责。

未来的父亲

我不是一个苛刻的女人，但从为人女儿到为人母亲的过程，使我渐渐地看清了一个父亲本应拥有的面目。他应该在为他的家庭获取温饱的同时，拥有关切的能力。他能在最寒冷的冬季，欣然放弃一个狩猎的日子，然后陪伴着他的妻子和儿女守在温暖的火炉旁，讲最鲜为他们所知的故事。一家人饿着快乐的肚子，绽放着知足的笑意。

然而，我知道，在父亲这里，“原始”和“文明”的根本区别在于，原始的父亲因不大懂得变换着花样哄他的女人和孩子而让人同情和谅解；文明的父亲则因追求其个人的生活色彩而放弃哄他的女人和孩子，他宁愿去和他家庭之外的其他世事变换“花样”，他们渴望被谅解。

“文明”带给人的是复杂的头脑和复杂的需要，“文明”带给父亲的是复杂的责任和复杂的渴望。今天，我们的父亲以其从未有过的千奇百怪的面孔，迎合着他们的家人。他们可以说“他们痛并快乐着”，但他们的女人和孩子却很可能深深地隐藏起他们的“痛”，他们在父亲面前打起精神“快乐”着，但他们在他的身上其实没有收获真正的光明。

我们有太多不会爱女人和不会爱孩子的父亲，他们自己仿佛还没有真正长大，要他们当父亲，实在勉为其难。他们甚至还需要自己的襁褓，他们根本没有能力为他的孩子担负温饱。而追根究底，我们又找到他们的母亲，那个可能过分保护和溺爱了他的女人，这是一个父亲成长的历史。

在无力改造眼前这些父亲的时候，我们期待着塑造一个崭新的父亲。为我们孩子的孩子，为我们社会的未来，这是女人把握世界最关键的环节，我想他什么，他或许就是什么。

母亲是培养“父亲”的真正摇篮。把我们的全部感受一点一滴浸入儿子的血液，我们知道那将汇成一条真正的父亲河，用以滋养他们的后代。说到底，我们要教会一个男孩子的是爱，是关切，是拥有一个更博大的胸襟，却时刻体现为细腻的关切。

把责任归咎于母亲的结局很可能是咎由自取，但我自始至终坚信我对父亲的感受和期待，我知道我可以做的仍是一种尝试，一种把理想和现实结构在一个“未来父亲”身上的尝试。

贰

作为母亲，我们应该像珍惜自己的眼睛般地珍惜孩子最初显现出来的兴趣，我们最起码要交给他们一把犁，然后鼓励他们倾注更多的精力关注他们的土地。

教育不是给予什么，

而是发现什么。

我想当个保安

我的一个邻居，有个和我孩子年龄相仿的儿子。一天，她突然雄心勃勃并信心十足地对我说，她为儿子设定的人生目标是做一个比尔·盖茨那样的人。她说这话时，我们正站在学校大门口，等待孩子们放学。我记得那天天很热，她的大声表达更为我们这些略显焦急的父母增温。听了她的慷慨陈词，我笑了笑，没把她的话当真。见我不以为然的表情，她一再肯定她的目标，她甚至开始奚落我，说我为孩子放弃了那么多，不也是希望孩子将来有大成就吗？到后来，就越说越离谱了，她还认定我是虚伪的，不愿意承认其实我和她一样希望孩子未来当大官赚大钱出大名。

多亏学校的大门及时打开，孩子们张张可爱的笑脸挽救了我们话不投机的尴尬局面。

后来，我有机会单独和她的小儿子相处，那孩子鼻梁上架着一副蓝色有机玻璃的小眼镜，书生气十足。和他聊了一会儿他的课外学习情况后，我突然想知道他对自己未来的期待是什么，她妈妈的理想是不是已经内化为他自己的远大抱负了？于是，我用一种不经意的口气问：“你能告诉阿姨你的理想吗？”他先是怔了一下，深深地看了我一眼，然后说：“如果我告诉您，您能替我保密吗？”我点头。他镇定了一下自己，样子怪怪地说：“当个保安。”他的回答的确出乎我的意料，我一时无言以对。他还以为我没听清楚，于是又补充道：“就是我们小区里的那些保安，很神气的。”他认真的样子可爱极了。

我想起他妈妈那神气活现的表情，突然对那母亲产生了莫大的同情。我不能说孩子胸无大志就一定好，但我知道这才是一个孩子最真实的想法，作为父母的悲哀莫过于自己的蓝图根本和孩子的理想风马牛不相及。

这个故事让我记起小学二年级时，我曾一度狂热地羡慕过的一个阿姨，她就在我家附近的商店里卖酱油。我每每见她将一只大漏斗放进我递给她的空啤酒瓶口，然后用一种特制的量器娴熟地从大缸里一勺一勺地把酱油舀出舀进时，我觉得这是世上最美妙的一种职业了。至于伟大的科学家、艺术家，对我而言，仅仅是一些被成人灌输的字眼儿，没有任何感性的认识，也就显得毫无意义。

在我看来，就孩子们最真实的理想而言，最接近诚实而且表现出豪迈的要数《麦田里的守望者》中的那个男孩霍尔顿了。他在和他妹妹的一次谈话中，谈到自己的理想时说：“我老是在想象，有那么一群小孩子在一块大麦田里做游戏，成千上万个小孩子，附近没有一个人——没有一个大人，我是说——除了我。我呢，就站在那混账的悬崖边。我的职务是在那儿守望，要是有哪个往悬崖边奔来，我就把他捉住——我是说孩子们都在狂奔，也不知道自己是往哪儿跑，我得从什么地方出来，把他们捉住。我整天就干这样的事。我只想当个麦田里的守望者。”

我曾经被这个孩子美好的愿望深深打动。尽管我清醒地知道，那仅仅是一个美丽的梦，终究有一天我们要一个个地醒来，就如我今天已经淡忘了那个阿姨的脸，除了对幼年可爱的梦想抱有甜蜜的回忆，我们每一个人都过上了或现实或不现实、或理想或并不理想的生活，它是我们后来一天天根据我们对生活的崭新理解，一点一滴收获的。这中间有满足，也有无奈。基于此，我尽管对自己的孩子有憧憬，但我并不轻易示人，更不强求儿子接受。可在我的内心，有一点是十分清晰的，就是我要求自己不断地深入了解孩子，帮助他理解自己的所能和所不能。我相信总有一天他会面对人生最关键的抉择，到那时我必须有能力提供给他最富于建设性的帮助。

像所有孩子一样，儿子早就有自己的梦想，由对恐龙的一贯兴趣而引发了他渴望成为一个古生物学家的强烈愿望。对此，我管住自己的嘴巴不作任何评价。我知道比我当年那微不足道的抱负，我的孩子已经够得上志向远大了。

不对未来妄下断言

我最早发现我儿子的主观能动性是在最普通不过的事情上：他喜欢的事情，他能做得很好，比如他喜欢绘画，他可以不厌其烦地画一辆玩具汽车，直到他自己满意为止；而他不喜欢的事情，在我的威逼利诱下，也可能做得一塌糊涂，比如弹钢琴，每每敷衍了事，痛苦之状难以言表。

从这件事上我得出的结论是，我们的意志在孩子的主观能动性面前，势必败下阵来。我们的理想如果不是基于对孩子的认识和理解上，那必定永远停留在我们的设计水平上，和孩子毫无关系。

我因此而终于理解了社会所赋予人的那些最概括、最笼统、最抽象的目标。因为基于人和人的实在不同，一个社会的目标的确无法表述得十分精确。我因此而更相信一个家庭或一个母亲存有理想的必要性。

它既是对社会的责任，也是对家庭的责任。正是基于这种责任，我才更不希望我们的理想仅仅具体在“比尔·盖茨”这个“高大全”的形象上。我能想象到若干年后，我们中国十分之一的人口都成为“盖茨”式的英雄，何其美妙。但我不能想象要走过怎样的一片荆棘，我们才能到达彼岸。我能看到的只是笼罩在这个不切实际的理想之下令人心惊胆战的教育现状。

伴随儿子成长的经历，我终于发现我们的教育理想要具体，但不是具体在树立榜样上，而是具体在我们眼前的这个孩子身上。只有充分地认识和理解了眼前这个孩子，我们才有能力帮助他确立人生的方向。那个方向即便有悖于我们的初衷，也要有勇气接受。所以，我终于敢说，我们的教育理想时刻不能脱离我们孩子这个客观的存在，我们因此要敢于承认“基因”的力量。

今天看来，承认遗传的作用，是科学的态度。“基因”最致命的力量是它的前提性。没有这个前提，谈何教育？从这一层意思来说，教育只是一个解读“基因”的深奥过程。我们的理想是在这个解读过程中逐渐确立起来的。

基于这一点，我从不轻易对我儿子的未来妄下断言。我沉浸在一个解密的过程中，这件事让我满怀喜悦和好奇。

在这个过程中，我渐渐明白我的理想不是给予什么，而是发现什么。我聪明的选择不是要求什么，而是理解什么。

当我的朋友满怀向往地对我说，她希望儿子成为“比尔·盖茨”时，这让我好一阵心惊肉跳。我不知道还有多少母亲怀揣如此宏伟的梦想，我只知道我连想都不敢想。我敢想的只是从我的渴望中明白儿子的渴望，从我自己成长的恐惧中理解孩子的恐惧。基于这一点，我当时的理想是，帮助孩子了解那些大小渴望的意义，将恐惧从生活中驱逐出去。

选择自己的人生

我始终相信那个“仙女提着花篮”的故事。在我的孩子还在摇篮里的时候，其实仙女已经赋予了他独特的才华。

我从尊重自己的天赋中懂得了尊重孩子的天赋。

少时，父母一心一意地培养我的音乐才能。他们坚信音乐教师对一个女孩子而言，是最轻松美好的职业。我被父母软硬兼施地逼着学了很多年音乐，但整个过程没有给我带来任何快乐，我始终没有在音乐学习的过程中找到成就感。但我从小便沉迷于阅读，我为一切文字结构的故事所吸引，脑海里也不断地编织自己的故事。后来，我沉溺在日记写作里，抒发幼稚的情怀。再后来，我疯狂地迷上了诗歌，我曾经是班里的写手，有求必应地代替女孩子们写各色的诗句表达各色的情怀。20岁上下，我便认定这辈子只有做一份和文字相关的工作，我才能找到真正的幸福。而在写作这件事上，我又总是能驾轻就熟，20岁出头，便给一家《幼儿文学》报写故事。当上教师后，学术论文每每获奖。对我而言，其实没有付诸多大的努力，写作这件事就会给我带来很多意想不到的快乐和荣誉。

尽管后来，我并没有做任何与文字相关的工作，我甚至根本就放弃了工作，而成为一个全职的家庭主妇，但我依旧是栖息在文字之上的。阅读和写作事实上是我的一种生活方式。

如此的人生经历和感受，让我没办法无视我儿子的天赋才华。过去的18年，我小心翼翼地帮助我的孩子珍视他的绘画和写作才华。为此，他没有上幼儿园；为此，我没有帮他选择去所谓的“名校”，小学和初中都是在普通得不能再普通的学校里度过的。因为我深知，一旦随波逐流地将孩子送进所谓的“名校”，他就必定要将绝大部分时间用于应付考试上，因为在任何环境里，一任孩子落在后面，就会对他的自尊心与自信心造成极大的伤害。

我的孩子在普通学校里结识最普通的一群孩子，他们没有好的家境，智力平平，但他们组成了一个常态的生活群体，我儿子体会到的是更加接近真实的生活。他不用特别地为考试而付出过多的努力，学校里留很少的作业，甚至不留作业。他将课余时间大把地挥霍在他的兴趣爱好里，尤其是绘画与写作上。

这个过程中，我努力在做的一方面是保护他的才华，但更重要的方面是避免他一不小心偏离了方向——像一般早慧的文学和绘画天才那样，放弃了接受基础教育的机会。我深知在今天这个社会背景下，我们要给孩子的是更广阔的发展空间，而非早早地将他们导向一条羊肠小路。

值得反思的是我儿子在英国的受教育经历。第一年，他在一所很好的国际学校读IGCSE(初中压缩课程)，他考进了最高级的班，门门课程优异，甚至获得了全英数学奥林匹克竞赛的金奖。这一年，突如其来的好运气让他彻底迷失了方向。他发现几十个中国孩子，只有他一个人没有读过一所国内的“名校”。于是，他对我帮他申请的一所排名在70位左右的高中不屑一顾，自以为是地考入了英国一所非常著名的男校，而随后选择的所有科目都和理科相关。

而今，他不得不承认在英国的前两年，他对自己不满意，因为他选择的不是他自己真正想要的，而是大多数中国学生想要的。

即将进入大学时，他开始反省自己。他最终放弃了父亲给他的建议，去美国学习金融，而接受了我的建议，去学人文和设计，他尝试着做真正的自己了。

我从不担心儿子的未来，我觉得最重要的东西他都有了，接下来就是要更加充分地了解自己的需要，找对方向。我希望他沿着自己的兴趣找到一份“热爱”，而这份“热爱”在给他温饱的同时，也能让他过上幸福的生活。

打开孩子心灵的钥匙

费孝通先生曾经这样诠释婚姻：婚姻缔结的根本目的在于更有利于儿童的成长。这当然系一家之言，但他从一个独特的角度道出了家庭之于儿童的重要意义。

我们视儿童为爱情的结晶。养育一个健康的孩子，是衡量婚姻生活质量的重要标准。但在今天，我们在越来越充分地认识到教育的重要性的同时，却越来越忽视家庭自身所能提供的教养环境。我们一味地把孩子推给教育机构，视其为创造奇迹的魔匣，似乎孩子一送进去就可脱胎换骨为“有用之材”。事实却不容乐观，我们的希望大多以失望而告终。

这里有学校的教育质量问题，但更大的问题恐怕是我们没有适时地调整好家庭与学校的位置和关系，过高地估计了学校教育的功能，而过低地确立家庭教育的标准。

有位哲人曾说：“人所受到的最重要的培养是他们12岁以前从母亲那里接受的教养。”而今，我们不再相信这一论断的最可怕后果是，我们的母亲不再具备母亲的素养。

我坚信一个未成年人所需要的保护和帮助应该是细致而周到的，他需要“一对一”的教育前提。孩子需要被了解和被发现，而了解和发现需要时间和精力。母亲在孩子成人前之所以被视为最好的老师，是因为母亲有最得天独厚的条件陪伴孩子。

但今天的母亲因过于在意家庭之外的社会角色，而被过多的其他事务所束缚，反正她们有充分的理由把孩子全权委托给教育机构，像寄存一件珍贵的物品那样，只要不磕着碰着，其他似乎都好说。

我以为，这是中国“大跃进”时代盲目地追求“妇女能顶半边天”的因袭结果，母亲们烙上了唯有一份“社会职务”才心安理得的深刻印迹，其实这里有相当一部分人和“养家糊口”无关。我的相当一部分女友就宁愿守着“无所事事”的工作，也不愿意回家亲力亲为地照顾自己的孩子，而她的全部收入很可能不足以支付孩子的托儿费和大大小小的意外开支。

我并不认为母亲必须“全职”才够资格，我只是提醒已经当上母亲的和即将成为母亲的人，拿出更多的时间和精力，更有效地承担起我们孩子家庭教育的那一部分责任。我们需要认真地学习和思考，我们需要“自我完善”，相信教育孩子的过程，其实是自我再教育的过程，这是一个用心的母亲最宝贵的收获。

家庭教育，绝不是几节家长学校的课程就能够有成效的，纯粹的经验继承也可能违背它的良好初衷，从某种意义上说，它是一个家庭必须潜下心来探讨的独特课题，它包括了我们为人父母者的躬身自省，我们必须在我们有限的生存经验中，找到打开孩子心灵的钥匙，然后走进去，然后再走出来。

家庭教育真正的内涵应该是：我们和孩子共同成长。

情感联络人

母亲在教育中体会到与儿童相处的无限乐趣，她因其母亲的角色而更加坚定地担负起家庭的“情感责任”。她应该懂得在什么时刻制造什么氛围，什么氛围既有利于儿童的成长，又有利于增进家人之间的亲密关系。

家庭教育的真正受益者绝不单单是儿童，而应该是整个家庭，甚至整个社会。我们在教育儿童的同时，能够使全体家庭成员在情感上、在理性的思维能力上得以提升。我们很容易从孩子身上找到人生更为本质的目标，而正是在确立并追求这一目标的过程中，充分地体会到更为深沉的人生快乐和幸福。

我们终于学会了利用言语之外的其他更为丰富的表达方式。我们从不习惯拥抱到习惯通过拥抱来表达彼此的爱和信任，我们从不确定用眼神来表达感情到我们坚信眼神与眼神之间的交流，我们从疏于流露爱意到惯于以任何方式表达自己对爱的给予和满足……这一切来自于我们对待孩子的由衷的方式。

在大多数人不假思索地将孩子作为婚姻的纽带之时，科学家们以不容忽视的证据证明了生育本身在降低人们对婚姻的满意程度。由此，我们不得不寻找更为理想的实现婚姻稳定和谐的方式，它很可能就孕育在合理地养育儿童这一事件的过程中。

我们应该在家庭教育中找到一个家庭因孩子而带来的不同定位。我们应该相信一切会有所不同的同时，一切都将朝着更为和睦的家人关系方向发展。

孩子的诞生，使原本分散的家庭注意力，转移到共同的焦点上来，即便最不善言语交流的夫妇也开始拥有共同的话题。而家庭教育得以改善夫妻关系的关键在于，我们如何有能力把这一话题持久地继续下去。在儿童成长的不同阶段，我们选择不同的内容。我们在交流孩子成长的过程中，其实是在反思我们各自的成长经历。在为孩子创造和谐的家庭教育环境的同时，我们充分地改善了自己对待人生的态度和方式。

当家庭教育成为一个家庭的主要话题之后，母亲需要源源不断地汲取关于教育的最新知识。她要充分吸收教育的营养，然后补充给其他家庭成员。她在学会判断孩子行为及思考方式合理与否的同时，必须同样恰到好处地判断其他家庭成员对待孩子乃至对待彼此的态度和方式。由此，用感情来面对孩子和家人尽管是必要的，但用智慧来解决问题更是行之有效的。

理想的家庭教育是提升人的基本素质的熔炉。我们思，我们想，我们汲取每一位家庭成员的生命智慧，我们共同体验人生的丰富感受。

我们爱孩子，我们更爱生活的全部。

一片他独有的土地

我喜欢生活的多样化。在我更年轻的时候，我认定我想要的生活具备丰富多彩的内容，而我的一生应该贯穿一条扎实的主线，它是不同状态下都可能存在的，它可能付诸我多半的人生热情。后来，我认定它应该是我对写作始终如一的兴趣。

在过往的岁月里，没有对写作的兴趣，我的生活就是一盘散沙，它们零落在我南来北往的足迹上，没有如此多的值得咀嚼的意味。而正是我一直以来对写作的勃勃兴致，使它们变得更加生动有趣。写作，在我是一种奢华的人生享受，至于发表与否，我曾毫不在意。

我因此而深信，人的一生一定要让某种兴趣自然地融入到我们的血液里，它随着我们血液的流动而流动，它澎湃着我们的身心，使我们孤独的人生充满生机。

我们依赖兴趣抵达自我独特的精神世界，我们在表达中创造，在创造中表达。不能说这是我们每个人都可能抵达的人生境界，但它应该成为我们倾注一生的追求。

我所拥有的，我强烈地渴望我的孩子同样拥有。我是母亲，我知道我必须拥有的宝贵品质是寻找和发现。寻找属于我孩子与生俱来的独特方式，发现他最值得发扬的兴趣和爱好。我希望他能够因此而获得追求人生乐趣的本领。他应该在他的田野里，创造性地耕耘一片他独有的土地。

作为母亲，我们应该像珍惜自己的眼睛般地珍惜孩子最初显现出来的兴趣，我们最起码要交给他们一把犁，然后鼓励他们倾注更多的精力关注他们的土地。

然而今天，当我们一窝蜂似的体会了兴趣对孩子的意义之后，最可能犯下的错误是根本没有发现孩子真正的兴趣所在，甚或是我们以我们的喜好去审视孩子的愿望。这对孩子而言是残酷的，他们违背自己的意愿所平整的那块土地，随着没人监督时刻的到来，早早晚晚还是要闲置起来，荒芜下去的。

我们能够做到、我们必须做到的是，帮助孩子发现一片真正属于自己的土地，我们最理想的方式是提供他尽可能多的工具，至于种草还是种花，植树还是造田，应该是他们选择的权利。我们过分地干预，同样可能摧毁一片美景。

而我们的态度很可能创造最充足的阳光、最饱满的水分，用以保证他们的累累丰收。

今天，我没有办法在家长陪伴的所谓“兴趣班”里坐下去，我看见孩子们在家长的催促甚至责骂中，噙着眼泪弹琴绘画。我不知道，在这种扭曲的兴趣里，我们的孩子究竟能收获什么!

教育，无不利资源

读卡夫卡的《致父亲》，才知道他也曾经遭遇过一个“凄惨”的童年，像著名的人本心理学家马斯洛一生没有冰释对母亲的仇恨一样，卡夫卡一直对父亲给予他的教养方式耿耿于怀。《致父亲》是一本“血泪控诉”。

在该书的“导读”中，我读到这样一段话：“教育方式与教育结果之间似乎没有严密的因果关联。一个近乎苛刻暴戾的父亲，却收获了一个异乎寻常的天才。坏的教育并没有影响一个好的收获。这种现象，连同相当开明进步的教育并未必然导致孩子的成功这一我们屡见不鲜的事实一起，一直在困扰着当代家长。”

如果说这是卡夫卡用一生给予我们的教育结论，我不能接受。而我宁愿相信，卡夫卡的成就恰恰得益于他父亲的教养方式，尽管那曾经是一个孩子无法接受和备感压抑的。教育方式和教育结果之间尽管可能没有“密切的因果关联”，但它们之间一定存在着高度的相关。就如困境磨炼一个人最坚强的意志一样，“暴戾的父亲”造就了反叛的儿子。我们有理由相信一个孩子基于生存的本能，在父亲的压力下挣扎，他所收获的恰恰是一种反省能力和批判精神。问题父亲是一本反面教材，同样起到了鞭策孩子的效果；正面教育所难以收获的思考能力，可在这种状况向纵深的水平挺进。

至于“好的教育”和“坏的教育”，我们并没有足够准确的分寸来区分和把握，我们也没有充分的理由来确定我们的方式“开明进步”到哪一种程度才算恰到好处。

我始终相信：教育无不利资源，关键是我们如何善加利用，就像“悲痛”可能给人的是一蹶不振，但同样可以给予一个人无穷的力量。

我的童年，是在父母不幸婚姻的万般纠缠与无奈中度过的，我曾一度抱怨过，我也知道不和睦的家庭是青少年犯罪的罪魁祸首。而今，我却开始感激曾经的遭遇。正是那样一种生活，让我看到了我理应避免的不幸结局。我正是在反省父母婚姻生活的失败教训中把握自己的婚姻生活的，我也同样知道，一个孩子更渴望的家庭生活是怎样的。

某日，我和一个正处于青春期焦虑中的女孩子促膝交谈，她的焦虑来自于对母亲的不满。我告诉她：“你完全可以在与母亲的相处中收获终生的免疫机能。那是一种无从改变一个人，却能够容忍她的能力，因为在未来的生活中，你会发现和你母亲一样让你难以忍受但又必须忍受的人越来越多。你还完全有可能在对母亲的批判中学会建立你自己更容易为人所接受的处世方法。”那女孩子欢喜地接受了我的建议，我希望她能学会对她所拥有的资源善加利用。

我更喜欢卡夫卡自己的结论：“父母是孩子面临的第一个问题，必须与之进行的是第一次反抗，同他们的讨论是一生中后来所有斗争的模式。”

“润滑剂”家长

我的一个受过相当教育的朋友，对老师给孩子留暑假作业深为不满。她怂恿孩子不必完成，她的孩子就理直气壮地疯玩了一个假期。我不知道那孩子开学后是怎么应付老师的，但我相信走进学校的那一刻，他绝不会轻松。

我的另一个朋友干脆去和老师说，他的孩子没必要完成这些作业，他只让孩子完成他留的作业。我想象不出当班上的所有孩子都上交作业的时候，她的孩子是自豪，还是略有不安？

尽管我对学校的作业内容时时不以为然，但我权且将其视作任务本身。我要求我的孩子将学校的任务放在第一位，必须高质量高效率地完成。我相信其目的重在责任，而不在内容。

当学校教育一时无法改善时，当我们意识到这样那样的问题时，一味地抱怨，甚至在孩子面前毫无顾忌地表达不满，这绝非聪明之举。最明智的选择应该是教会孩子适应现实，调整自己的角度，相信凡事有弊必有利。

一位家长曾为老师对自己孩子的态度深为不安，她和我谈及此事，希望我能鼓励她去找老师，甚至找学校。我断然否定了她的想法。我告诉她，我们的孩子早早晚晚都会遇到和她老师一样不堪忍受的人，她必须学会面对现实。提早学会，比以后更容易接受，相信孩子自我保护的能力。只要我们能够适时地安慰孩子，让他们排解掉一时的不悦，就足够了。孩子绝不会将一件事记得牢牢的。

教育教学的改革不是一件轻而易举的事，它和我们传统的文化和我们承继的教育观念密不可分。我们不是一个活泼而富于幽默感的民族，我们背负着沉重的教育传统，所以企图在一朝一夕间彻底改善教育的方式和方法，显得不近人情。

不要奢望我们的孩子每天都生活在欢歌笑语之中，小学生活只要是井然有序的，足矣。任何环境对人来说都仅仅是环境，我们能够给予孩子的，应该是如何既适应环境又不为环境所左右。

这就需要我们有能力帮助孩子恰当地找到事物的不同侧面。面对教学方法差的老师，我们要教会孩子改善学习方法，培养自学的能力；面对态度不好的老师，我们要让孩子有能力调整心态，恰到好处地面对老师的说教，有则改之，无则加勉。

在改善孩子学校教育环境(这里指软环境，诸如师生关系)的问题上，家长起着润滑剂的作用。调整好我们和孩子的心态，也就调整好了学校和家庭、教师和孩子之间的关系，全部齿轮才得以顺利运转。我们的孩子是整个体系中的一部分，但他所起的永远是他自己的作用，不可替代。

教育的陷阱

我常常对今天的孩子抱有一种深切的同情。较之我们童年时期父母所给予的那种“大撒把”式的养育，他们很可能更不幸——他们因承受太多的关注而不幸。爱真的是一种很难让人捉摸的东西，少了不行，多了同样不行。

我熟悉的一个三年级的小女孩，她几乎整个周末都消磨在一所有名的业余学校里。她的妈妈陪伴着她无所不学。至于学到了什么程度，收效如何，我不得而知。但据她妈妈讲，那女孩喜欢这种生活，这是她自愿的选择，没有受到任何的强迫。这让我十分震惊。

在我和老师的眼里，我的孩子算是爱学习的，但他无论如何爱不起来这种方式的学习，随着年龄的增长，他为自己争取自由玩耍的手段越来越高明。在我看来，这才是一个孩子的天性，而那些情愿将自己束缚在课堂上的孩子，实在是已经出现“受虐”的倾向了。

而今，对一个母亲而言，有独立而理性的判断能力非常重要。我们必须时刻清醒地认识到社会(包括团体、学校、商家、媒体)随时随地提供给我们的一切便利是不是真正对一个家庭的未来，特别是对一个孩子的成长具备实实在在的价值。我们遭遇的实在是一个过于复杂且鱼目混珠的世界，它带给我们好处的同时，潜藏着功利的陷阱。一不小心，我们就一个接一个地跳下去了，更可悲的是我们强行将孩子带下去，孩子们看到的只是举着棒棒糖的成人的笑脸，他们并不知道，吃完那块糖，他们所付出的代价很可能是失去一个孩子理应拥有的童年快乐。

这绝非耸人听闻，我曾和所有的家长一样，站在一个巨大陷阱的边缘，如履薄冰。

值得庆幸的是，我的教育专业背景和对人成长的一贯兴趣始终佑护着我，也佑护着我的孩子免遭厄运。

看到的多了，听到的多了，让我醒悟到，抵御今天这种不健康的教育环境，最佳的办法是完善母亲自身的素质，同时帮助孩子找到最佳的学习路径。

有人曾说，从零岁开始的教育已经晚了。此时此刻，我终于得以领会，其实儿童的教育始于女性的自我教育，母亲只有从自己身上真正享受到爱的阳光，领悟成长的乐趣，她所能给予孩子的教育才不至于沦落为听命误导，无力自拔。

从这个角度，我赞成将母亲的工作specialized(专业化)。

其实，从我们决定做母亲的那一天起，就已经开始我们的教育事业了。我们的感情变化、我们对孩子的认识和理解、我们教育观念的形成一起拉开了一个崭新事业的序幕。

那是一个不同寻常的开始，我们将收获意想不到的人生体验。

特权父母

在孩子的眼里，父母始终是一个特权阶层，他们拥有无上的权力用以左右孩子的命运。在父母和孩子之间始终存在一种近乎荒谬的规则，父母给孩子制定了一系列行为准则并严格监督执行，但父母本身则有绝对的理由可以逃避这些准则的束缚。

卡夫卡在回忆他父亲的教育方式时，最恰到好处地诠释了这个不公平的规则。他毫不客气地说道：“人家是不许啃肉骨头的，您可以啃。人家啜醋时不许出声，您可以。切面包要切得干净利落，这成了要紧事，而您用一把滴落着酱汁的刀切也未尝不可。人家务必小心，吃饭时别让饭菜掉地上，到头来您脚下掉得最多。饭桌上，人家只能埋头吃饭，您却修指甲，削铅笔，用牙签挖耳朵。”

我不知道有多少家庭正在上演这一幕滑稽剧，尽管我们是一个深知“身教重于言教”的民族，但我们还是无法避免这样可笑的教养方式。

这是导致父母最终在孩子的内心失去说服力的主要原因。孩子的眼睛是雪亮的，他们可以随时捕捉到我们下意识露出的“马脚”。那将成为他们失去对父母信任的充分理由，然后他们可能表面还屈从权威，但内心却早已对自己的不遵守规则轻松无比。

正如卡夫卡抱怨的那样：“这些事情本身都是鸡毛蒜皮的小事，它们使我的心灵受到压抑，是因为您要我们遵循的戒律，您，我至高无上的楷模，却可以不遵循。因此，在我眼里就分成了三部分。我，是个奴隶，生活在其中的一个世界，受着种种法律的约束，这些法律是单单为我发明的。而我，不知道为什么，却始终不能完全守法。然后就是第二个世界，它离我的世界无限遥远，这是您的世界，您行使着统治权，发号施令并且还因您的命令得不到执行而烦恼生气。最后还有第三个世界，其余的人都在那儿过着幸福和自由自在的生活，没有人发号施令，也没有人唯命是从。”

这当然是卡夫卡成人之后对他所经受的教养方式的总结。当他还是个孩子的时候，他未能清晰地领悟到其中的不公平，但他一定怀着一种惶恐不安的心情忍受着压抑感的煎熬。

对此，我早已见惯不怪。今天，当一个孩子有勇气向他的父母质疑：“你让我看书学习，你为什么连书本都不摸一下？”我以为这是最让今天的孩子不可思议的事情。父母的特权在此以盛气凌人的姿态摆在那里。我相信未来，这些孩子最有理由谴责他的父母：“你们始终没有与我生活在同一个世界里。”

这无疑是造成父母与孩子距离感的主要原因。好的家庭教育是父母和孩子得以生活在同一片天空下，享有同样的“阴晴圆缺”，是父母和孩子共同制定规则，并共同遵守。

不好的家庭教育同样让一部分孩子拥有成功的人生，其原因一定是那孩子早就意识到了它的不好之处，在挣扎后脱颖而出，正像卡夫卡。

我所理解的素质教育

“素质教育”究竟和“吹拉弹唱”有什么关系?自从“素质教育”风行以来，学校最明显的教学改善，就是你追我赶地增设了名目繁多的兴趣班。而家庭似乎只有为孩子充分创造条件进入各式各样的校外课堂，才附庸了“素质教育”的风雅。

我不敢轻易地相信，音乐或美术就能成为真正的熔炉，让我们的孩子脱胎换骨为“素质之人”。我所理解的“素质”是一个人自幼培养起来的基本学习能力，它更充分地体现在一个人完好地保存了对待事物的好奇心，并有能力充分满足这种好奇心上。

从这个角度来讲，不能一概否定过去的教育就不是“素质教育”。只要我们所经历的教育没有摧毁我们对知识、对一切新鲜事物的热情，没有夭折我们的学习能力，它就是一种素质教育，一种成功的素质教育。而全部的艺术课堂所给予孩子的也仅仅是某一种才能，如果方法得当，他们能从中收获普遍的精神寄托。

然而不容乐观的是，今天的艺术课堂，往往不能成为孩子充分发挥某一种天分的理想场所，甚至一不小心就扼杀了孩子的兴趣。如果兴趣课堂的教师没有普遍意识到“素质”的真正含义，它就和所有的课堂一样，孩子得到的只是知识本身，或技能本身，而非一种强烈的向往。只有这种情感才能让孩子收获“素质”，而只有这样的素质，才有利于孩子走向幸福的人生。

在“素质教育”的大前提下，无论是教师还是家长，提高自身的教育素质，应该比什么都重要。其中增进对教育的理解，增进对孩子的理解，增进对人的理解，又是重中之重。

我们从音乐课堂上所能享受的快乐，我们从数学课堂上同样能够享受，只要我们有一位高素质的数学教师。而我们的音乐教师，很可能不具备基本的艺术素养，音乐对他来说和数学一样，只是和数字的交道而已，那么我们的孩子可能一无所获。

学校只有在普遍提高了教师综合素质的前提下，才堪称真正的“素质教育”。而我们的家长，只有从关注孩子的素质回归到关注我们自身的素质，才得以真正理解“素质教育”。

“素质教育”如果单纯地放在儿童的层面上理解，必将事倍功半；如果放在成人的层面上，则一定事半功倍。提高教师素质，提高家长素质，是如今素质教育的关键所在。如何利用继续教育的契机，让教师们有勇气并有机会改善自己的身心面貌，通过学校和家庭的有机联系，使家长真正认识到自我教育的意义，是当务之急。否则，我们离真正意义上的“素质教育”还有太长的路要走。

叁

我要我的孩子相信，人可能通过卑劣获取功利的享受，但人只能通过善良获得心灵的安谧。我渴望我的孩子在满足温饱的前提下，更多地获取人生内在的追求，那才是人之所以为人最宝贵的财富。

尽管人的一生往往善恶交错，

但你对待不同事物的态度只可能有一个。

一个有爱的环境

在我看来，爱一个人，就意味着心甘情愿地为他烧他最喜欢吃的菜而不怕麻烦，为他扣上最后一颗纽扣然后整整衣领，为他擦好皮鞋，然后端正地摆放在门前；爱一个人，就意味着一打开门，看见他的脸，就知道他一天的喜怒哀乐，然后分担他的烦恼，分享他的快乐；爱一个人，就意味着爱他的家人，爱他的朋友，宽容他的好恶。

在今天，人与人相处的能力越来越薄弱。焦躁的生活令我们有充足的理由反驳我们对爱的付出。

我们吝啬举手之劳，我们吝啬一个温暖的眼神，我们甚至吝啬一句起码的问候。我们的生命在了无生机中一天天被吞噬，我们又有什么理由责备我们的命运呢？

两个看似相爱的人，看似相爱地结合，看似相爱地拥有了爱的结晶，但这一切并不能掩饰我们爱的无能，我们深感不幸，我们渴望得到的得不到，我们厌恶的却时时来侵扰。我们的孩子就在这样的环境中长大，他们懒得付出的品质在一天天根深蒂固。我们此时此刻的不幸绝不单单是眼前的，我们是在延续这种麻木，同时在壮大这种麻木。

我们企图以过度地给予孩子关注来填补爱的空虚。孩子在获得爱的同时，必须学会爱。获得的过程，并不足以让他学习。学习，依赖一种简单的模仿，它源自你对他人的方式，而不是你对孩子本身的方式。

我们习惯说，我们把精力都放在了孩子身上，我们哪有时间再去“料理”他人？这是我们的误解，我们“料理”他人的过程才是最值得孩子学习的。

我们必须相信我们的孩子总有一天会以我们对待家人的方式去对待他的家人，以我们对待朋友的方式去对待他的朋友，以我们对待他的方式去对待他的孩子。所以，我们的疏忽，在他是严重的损失，他失去了他一生中学习爱别人的最好时机。

如果我们真爱我们的孩子，我们必须懂得正确地给予。我们必须拿出一种虔诚的态度虚心学习，学习了解一个人，学习了解一个人的需要；学习爱一个人，学习爱一个人的方式。

我们必须相信我们孩子的眼睛，它是承接正确或承接错误的窗口，它准确地摄入了我们待人接物的方式，然后，反映给他们的头脑，再然后，指挥他们的一切行动。

当有一天，我看见我小小的儿子将自己的大衣平整地铺放在一张硬板凳上，然后再请那个小巧的女孩坐时，我由衷地感动，我知道我不曾手把手地教他这样，我也知道这一定取自于一个懂得珍爱他人的动作。那一刻无意识地摄入了他的脑海。

这是他的幸运，这同样是他周围人的幸运，更是我这个母亲的幸运。我因此而再一次醒悟到，独独给我们孩子爱，远不如给他一个爱的环境更富有说服力。

泛滥的爱意

我看到太多的家长，通过物质的方式直接满足孩子，间接地满足自己，他们以为这是他们能够为孩子创造的值得炫耀的财富。他们不知道这样下去，久而久之就养成了儿童穷奢极欲的生活习惯。这种习惯，容易使一个人在成长过程中将本该对内在精神关注的部分，转移到对外部刺激的追逐上去。

毫无节制地满足孩子的物质需求，不是真爱孩子，但在物质上的过分苛刻，同样压抑孩子。在这之间，仍有一个难以把握的度。

作为母亲，我常常有这样的感受，在商品极大丰富的商场里，我情不自禁地会拣几样对我孩子的健康绝无益处，但却是我孩子正受电视广告诱惑而十分向往的物品。我把它们放在我的购物篮里，我的内心充斥着矛盾，我无数遍地问自己，这是为什么？终于有一天，我深深地相信，这绝非在满足我的孩子，而是在满足我自己。

我至今仍保持着在超市的款台前重新检查购物篮的习惯，我总是要在最后一刻拣出我那些泛滥的爱意，尽管它时时伴随着我的失落，但今天，我孩子对某些零食无动于衷的习惯毕竟是这样建立起来的。

原本孩子是不懂得什么物质追求的，他依赖于成人在给予时的分寸。我们不可以过分地满足他，但过分地压抑，同样会导致其更加强烈的要求。

我固定地选择了几种对孩子的身体毫无益处，但也并无伤害的零食，每一次，他都十分惊喜地接受。我知道这仍是他情感上的一种满足，而不单单是物质上的。

在此，爱的教育体现在我们为人父母的理性程度上。爱是一种奖励，爱同样可以成为一种惩罚，是通过惩罚孩子来惩罚我们自己。

我们在清醒地意识到我们所给予的同时，必须约束我们的给予。这样孩子在接受的同时，才有可能学懂珍惜。作为成人，我们已经清楚，轻易地获得，其可悲的下场往往是轻易地失去。爱在收获的同时，必须懂得妥善保管，它才能够时时刻刻起到温暖身心的作用。否则，爱将改变爱的模样。

我们在学习爱的同时必须学会感激，我们理性控制爱的习惯的同时，我们就教会了孩子满足和感激。

种下一颗善良的种子

今天，我们经历了人生的风风雨雨之后，我们深信：生活是残酷的。我们甚至开始相信“卑鄙是卑鄙者的通行证，高尚是高尚者的墓志铭”这样绝望的诗句。太多的人开始喜欢说：“不要给孩子过于美好的东西，我们要他从小就清楚人生的恶。”

说这种话的人并非真正了解孩子的生活，孩子的世界远没有我们成人想象的那么简单。如果你有兴趣有时间去经历孩子在幼儿园的生活，你会蓦然发现，那几乎是我们成人社会的一个微缩景观。他们之间也有欺骗，有隐瞒，有恃强凌弱，甚至有头破血流。

我们人性全部善恶的品质，是自小而大的一种延续和继承，而非我们长大了，我们才变善或变恶。

在教师的眼里，善良的孩子、充满爱的孩子，会得到更多的奖励，不管那教师是善良的还是不善的，这几乎出于他们的职业本能；而那些不善的孩子自始至终被视为坏孩子，得到的必将是严厉的训斥，甚至体罚。

好孩子很有可能变得更好，而坏孩子很有可能变得更坏的道理正在于此。

我们喜欢用爱来对付爱，用恨来对付恨，这几乎是人类自卫的本能。我们向善的一面需要经过努力，我们向恶的一面无须任何提醒。

我们生而为人，就附着在岩壁的中央，你要么攀上善的崖顶，要么滑向恶的谷底。尽管人的一生往往善恶交错，但你对待不同事物的态度只可能有一个。

在我过往的人生经历中，我没有真正恨过什么人。我说过我只是厌恶过。所以，我自始至终相信爱，相信人性善良的一面。尽管我们也曾经历过上当受骗，但我们保留了我们自身最本质的善意，所以直到今天，我们一直活得心安理得。

至于那些欺骗过我们的人，那些伤害过我们的人，是否能够得到他们企图得到的满足，并安于这种满足，伴随时间的流逝已经和我们没有太大关系了。

我因此自始至终地相信我们所保有的一种满足生活的方式，我因此希望我的孩子保有同样的心情。我要我的孩子相信，人可能通过卑劣获取功利的享受，但人只能通过善良获得心灵的安谧。我渴望我的孩子在满足温饱的前提下，更多地获取人生内在的追求，那才是人之所以为人最宝贵的财富。

爱的教育，在孩子的心灵中开启了一扇温暖的窗口，他将因此而享受一生的温情，他也势必通过这扇窗口看到人性更广阔的天空。

我要他在那个天空中飞舞。

和机器争夺我们的爱

你可以厌恶一个人，但你不要恨，因为厌恶让你远远地离开就够了；恨，却令你时刻企图报复。报复的结果往往是两败俱伤——只要我们还存有基本的善良。

罗洛·梅说过："爱的反面不是恨，而是冷漠。"这我相信。我因此还相信，要培养我孩子对人类的爱，应该从对人类的热情开始。

今天的孩子不可逃避地经受着所谓信息社会的耳濡目染，他们对机器的兴趣远远地甚于对人。他们爱的是"火车侠"，是"宠物小精灵"，是"光能使者"……他们独独不爱人。父母的使用价值很可能就是满足他们对机器的愿望，我不敢想象他们一旦到了自己能够满足自己的时候，他们会不会携着他们的机器人逃跑。他们中的一大部分会顺理成章地选择与机器人结婚，因为那既有利可图，又无忧无虑。

这注定是人类所谓科技发达的悲哀。我们爱上了技术，我们忽略了人。

当我的孩子认定电脑比人脑还聪明的时候，我知道我的教育逢到了怎样的对手。我企图用简单的道理摧毁他的判断。我反问“电脑是谁发明的”，他居然说“人又被电脑打败了”。

是的，今天的人的确被电脑打败了。我们的孩子放下书包，不再是扑向我们的怀抱，而是奔向他的电脑，我们的确是输给了那看似笨头笨脑的家伙。所以，我们必须相信，今天我们的敌人早已不单单是人，我们必须和机器争夺我们的爱和天伦之乐。

如果你说你就是要把孩子出让给机器，你只要换回那一点儿光宗耀祖的炫耀，尽管不必指责，但我绝不要！

我希望我的孩子放下书包后的第一件事就是投入我的怀抱；我希望他告诉我他和同学们的愉快交往；我希望他到了30岁仍能用书信表达对家人的思念；我希望他随时随地记住他父亲的生日，为他或许枯燥的晚年，输送惊喜的温情；我更希望他给陌生、不陌生的人以问候，给需要他的人力所能及的帮助……

这是最基本的爱的表达。

我会用我的方式告诉他我的希望，我会要求他按我希望的方式来表达，我会要他知道：人，才是我们的最爱，但不是“泛爱”。

我因此必须教会他厌恶。厌恶一切他有理由厌恶的人和事件，然后几乎出于本能地远远离开。这，不需要勇气，不需要努力，仅仅依赖稳固的习惯。

爱的真伪

在这里，我们要说到“爱”和“会爱”的问题。这是我们确认爱的真伪和虚实的根本。我们爱一个人的初衷是善良的，但我们未必会得到善良的结果。

在绝大多数破裂的婚姻中，被动的一方深表震惊。他们不无委屈地说：“我的确是爱他(她)的呀。”直到判决落地有声，他们仍对他们曾深爱的对象不知所措。爱，在此时此刻是无辜的。如果你数十年如一日所付出的，根本不是对方需要的，那的确不能说你“会爱”。这或许有些残酷，但我们必须从头理清头绪，才可能从噩梦中醒悟。

爱孩子也一样，我们随时随地要做到扪心自问：“我们所给予的，是不是有利于孩子的成长？是不是符合孩子的需求？是恰到好处，还是多此一举？”这相当重要，它往往关系到孩子最基本的成长质量。

这再一次涉及我们对孩子的了解。他是内向的还是外向的，他是喜欢独处的还是喜欢热闹的，他是需要严厉批评才奏效的，还是点到为止就足以说明问题的……

真正的爱、踏实的爱，建立在细致的了解之上。我们必须用充分的细心和耐心，加之总结概括的能力去深入了解我们的孩子。当我们清晰地把握了他的优势和弱点之后，将其最需要的给予他。

我们在给予孩子这种如愿以偿的爱的过程中，慢慢建立起了孩子对待爱的正确态度和心满意足的感受。孩子正是在准确了解自己感受的基础上，才学会了解他人的感受。

心理实验已经证实，一个总是无法得到爱的满足的孩子，会变得越来越刻薄和偏激。对于我们今天的父母而言，这里所指的爱绝不是父母的不够关注和吝惜付出，而是指一种正确的态度和有效的方法。

今天，当我们试图选择充分的样本，对人类的爱做出更为准确的判断时，尽管在方法上仍有失偏颇，但它往往道出了大多数人最一般的迷惑。

我们仍不能用一把印有刻度的尺子去度量我们“会爱”的程度，但我们应该知道我们所追求的真爱的方向和最基本的常识。然后，我们依赖我们各具特色的方式来把握我们的爱，保持我们付出的准确率。

对于更为具体的方法，我们还是没有办法整齐划一，但对于父母而言，我自始至终地相信，我们缺少的不是方法而是观念和态度。

对于爱的教育，我们尤其强调那些在亲子之间最可能保持的默契，它往往决定了我们对孩子的真爱和我们教会孩子真爱的程度。

用我们的爱去发掘孩子的爱

爱，是一个人能否获得快乐人生的保证。一个真正懂得爱的人，才最容易在生活中找到自己适得其所的位置。因爱而被爱，不是绝对的，却是可能的。

在养育儿童的问题上，我们几乎不能使用“绝对”“完全”这些极端的字眼儿，我们最科学的态度是包容和尝试，我们最可能抵达的理想彼岸是为我们的孩子提供发展的“可能”。其他一切都将是未知的，但即使是最小的可能都能成为他获得快乐人生的泉眼。我们因此而不可小觑哪怕最微不足道的发现。

在无尽的可能中，爱的可能几乎是一种前提。它是情感发育的信息，它是经验丰富的象征，它是智慧成熟的保障。一个人对自然、对人类、对社会最饱满的爱，构筑了他发展的基础，只有踏上这一坚实的台阶，他才可能看见最明媚的太阳，无论它是在巍峨的山后，抑或在阴郁的雨中。

我们需要用我们的爱去发掘孩子的爱，我们需要用心体会他们爱的萌生、发育和成熟。我们必须在教会他爱的同时，教会他辨别爱的真伪和虚实。我们还要有足够的信心和能力去指导他把握爱的分寸和限度。这绝不是一件轻而易举的事，它需要我们自己在爱和被爱的道路上，历尽坎坷，却在所不惜。

生命中那些美好的东西是需要发扬光大的。我们继承传统，然后衔接历史，我们在情感的扉页上，却最为漫不经心。我们要么理直气壮地迷信理性凌驾于一切情感之上，要么不以为然地任凭情感在迷失的窄巷中随波逐流。

我们自始至终没有真正掌握情感的真谛。爱在情感之中，是迷失得最远的一位伙伴，它最有可能成为我们的朋友，也最有可能成为我们的敌人。

当医生以最自然平常的态度，用手术刀划开了我的腹部，从血泊中抱起我的孩子，我就知道，我已经失去了我身体最重要的一部分。他曾经是我27年人生中最隐秘的伴侣，我知道我失去了什么，我就一直在找回什么。这一次，我找到的是一种爱的能力，是我的孩子给予我的，也是我精加工后必须返还回去的。

我从来没有像今天这样认认真真地打量我的爱——我施予和收获的爱。我是母亲，是一个渴望我的孩子比我自己更快乐，渴望我的孩子比我自己更幸福的母亲。我因此而必须是一个清楚快乐和幸福本源的母亲。我必须在快乐和幸福的道路上理解得更深更远，我才能让我的儿子承接着我的爱，步入我望尘莫及的人生境界。

退回到我们的童年

爱，是人对生活、对人的一种无微不至的体恤。我们在这种体恤中享受温情。爱的教育，建立在我们对孩子同样的体恤中，对于我们所可能给予的，我们必须经过深思熟虑。

教育最沉痛的悲哀是，我们自认为所执行的是一种科学的程序，事实上，我们又犯下了自以为是的错误。其最根本的原因还在于，我们所面对的对象自始至终是一个活生生的人。在此，为人父母必须保持最清醒的头脑和最灵活的判断。否则，我们会落得“自作多情”的可悲下场。

我们必须承认人类的个性差异，最初就清晰地体现在婴儿甚至胎儿身上。他们对一切事物的体察能力和领悟能力从一开始就具有本质的千差万别。我们的孩子为我们提供了一种对善恶需求的基本框架，而我们所持有的方式方法一定要符合它的尺度。

生性活泼好动的孩子，很可能采取一种奇特的方式来表达他对其身外之物的关注，他们虐待小动物的最初动机很可能是出于喜爱，只不过是他们所采取的方式，严重违背了我们成人所持有的关于爱的标准。此时此刻，如果我们不具备窥视其内在真实愿望的能力，我们很可能采取一种极端的做法，用以遏抑他的行为连同遏抑他爱的初衷。

而对于一个安静内向的孩子，他对事物漠不关心的态度，并非预示着他内在的冷酷。他很可能把他的爱和快乐建立在想象之中，他以他独到的方式在关切着他周围的环境。

作为成人，我们最要不得的是用我们现有的思维方式去理解和对待儿童。他的确曾经是我们身体的一部分，但而今他又的确只是他自己了。

我自认为理解孩子最有效的方式是退回到我们的童年去。唤起我们当年的心情，然后我们可以似一个伙伴那样走进孩子的内心世界，理解他的需求。

这并非是一件艰难的事情，我相信从某种角度看，我们抱起婴儿的瞬间，我们又重新抱起了我们自己的童年，孩子是最可能让我们找回童心的，尽管那早已面目全非。不要紧，只要我们找回的是一种爱的心情，再接再厉，就一定可以找回对待孩子最恰到好处的方式。

爱一个孩子，教会一个孩子爱，很可能出于人性善良的本能，但绝非好的初衷都能取得好的效果。在伴随儿童成长的过程中，我们同样伴随着坎坷和挫折。在此，辨别爱的真伪和虚实，成为我们得以收获的另一基本保障。

明天，不再有妈妈的手

人和人共同的向往是参与社会，是在我们共同的社会中占有一己之地，恰如其分也好，勉勉强强也罢，反正我们因之而获得了普遍的满足感。这样我们才说：我们活得是有意义的。

我们一生的追求是被认同，被那些或渺小或伟大的人物认同是我们的期望和理想，我们为此尽可以奋不顾身。

我不是一个标新立异的母亲，我同样不期望我的孩子做永远的“另类”。我希望他有充分的理由和能力融入最普通的社会生活，但他的思想尽可以无忧无虑地“飞”。

人类特立独行的悲哀是丧失了享受琐碎生活乐趣的能力。我们不必非要逃避平庸才去寻找奇迹，我们应该在充分享用平庸的基础上，创造奇迹。

人类是以创造奇迹而鹤立鸡群的物种，但时间总有一天会将奇迹抚平。人类把自己培养成最容易习以为常的动物之后，他们的发展是突飞猛进的。我们必须学会以平常心来面对每一种匪夷所思的事件，我们才可能在所谓的社会生活中真正找到幸福感。

爱，在这里不再是激情，而是一种必须把握的理性。我们在这里必备的一课是管住自己——用社会普遍认同的规则，但我们又不能过于循规蹈矩，那意味着创造力丧失殆尽。

爱社会，要有节制。我们不能爱得太深，我们又不能爱得太浅。在这道鸿沟面前，我们只要掌握基本的责任感，一切就变得游刃有余了。

社会，是我们人类画地为牢的一种存在方式，它不博大，它有边际；它不纯净，它鱼龙混杂。一个人的爱，在这里势单力薄，但它是一滴水，可以涓涓汇流。

我希望我的孩子以最普通的方式融入社会，他以他最基本的社会责任感找到自己或举足轻重或微不足道的位置，但他一样要爱，要爱他的位置，要学会创造他爱的位置。让他爱的人认同他，让爱他的人认同他，他的一生足矣。

而我们爱他的理由绝不是因为他地位的高下，一定是快乐着他的快乐，幸福着他的幸福。

今天，当我认真督促儿子每周必做一天值日时，当我牵着他的手找到他不经意间伤害过的一个同学时，当我一字一句地教会他表达歉意时……我知道我正牵引着他一步步踏实地走向社会。我要用我作为社会人最一般的感受推己及人地告诉我的孩子：明天，不再有妈妈的手，你也会以你最熟悉的方式，最平静的心绪一点一滴地接受社会，然后，找到你适得其所的位置，再然后，你可能不经意间会想起妈妈的手。

我们是否拥有爱的心境

最广义的爱，源自一种天性。它取之于好奇：对自然的、对人类的、对社会的。当孩子无可奈何地遵循自然规律，摆脱我们的身体后，探索母体之外的一切，填补了他的空虚和不安。总有一天，他们必须知道他们真正赖以生存的，不是母亲的身体，而是一个更微妙并有些许残酷的世界。他们必须为适应甚至改造这个世界尽自己一份努力，他们才可能得到更踏实的满足和幸福。

在认识这个世界的过程中，他逐渐拥有了一种心绪，或爱或恨，或紧张或从容，他将一生依托着这种心绪，去应付或简单或复杂，或顺利或艰难的事件，正是在这应接不暇的问题解决中，他得以成长，要么勇敢要么懦弱，要么善良要么邪恶。

几乎没有一个母亲最初的理想是不怀好意的。她们因成为母亲而怀有本能的善意和期待，渴望自己的孩子能具备人类所敬仰的一切美德。但这种善意的愿望，并不足以实现我们的理想，相当一部分现实向我们证实，母爱有时甚至偏颇到置孩子于死地。

在伴随孩子成长的过程中，无疑，我们需要技巧，这是在对教育作最深刻的思索和实验后，人们普遍承认的种种方法。但所有的方法似乎都忽略了一个事实，就是母亲们千差万别的基本素质。

在这里，我们不能苛求对真爱一无所知的母亲去给予孩子所谓的真爱，我们更不能求全责备那些在爱的路途中早已伤痕累累的母亲。而我可能做的仍是在设身处地地为她们着想之后，期待一种可能抵达的状态。只要我们愿意敞开心扉，我们都有可能和孩子一同成长。

我们必须调整我们的心绪，用以纠正不良的爱的观念和因之而引发的行为，我们才有最大的可能传达给孩子对爱的真正理解。

爱，是一种对待万事万物的心情，它引导着我们更直接地探索、思考并收获。

这与其说是用来教育孩子的，毋宁说仍是用来教育我们自己的。我们的一生都需要尽心尽力地成长，只有成长能让我们实现最渴求的生命愿望和生存理想。

我们试着反省爱，我们试着探索爱，我们试着思考爱，我们试着收获爱，我们才能做到真正地给予。此刻，我们的孩子是嗷嗷待哺的小鸟，他需求的不单单是食物，还有最珍贵的目光。

我们必须清楚此时此刻我们的眼神是属于他的，我们看到的是光明还是黑暗，这取决于我们是否拥有爱的心境。

肆

我对幼儿园教育评价的根本目的，是尝试着和家长们一起走进幼儿园紧闭的大门，我们在探视孩子生活的同时，思考我们给予孩子的究竟是什么。

对于人的教育，

我们必须从生活的实际出发。

我相信我是太了解幼儿园了

回溯我个人的专业经历，我和幼儿园教育曾有不解之缘。我学的是学前教育专业；我在幼儿师范学校执教数年，教的是幼儿教师；我创办过自己的幼儿园，亲自实践我个人的教育理念；我做过报社的编辑、记者，我编的是“幼教版”，采写的是幼儿园教育的最新动态。但是最终，当我有了自己的孩子，我却毅然地放弃了我孩子可能进一所最好幼儿园的机会，而宁愿他留在家里。

为此，我接受过我师长们的谆谆劝诫和教导，他们对我这个曾经尽心尽力的幼教工作者的所作所为匪夷所思。我也曾深深地踌躇过，但最终，我抱定了实验的态度，替我的孩子拒绝了幼儿园教育。

我相信我是太了解幼儿园了，这使我不能姑息它的弊端。当我衡量过家庭教育的利弊得失之后，我认定在我们的家庭里，孩子留在家里应该获得更优于幼儿园的教育。

我对幼儿园教育评价的根本目的，是尝试着和家长们一起走进幼儿园紧闭的大门，我们在探视孩子生活的同时，思考我们给予孩子的究竟是什么。

我们可以放心地将孩子留在幼儿园，但我们通过了解幼儿园教育的不足之后，要切实地思考如何在家庭教育中充分地弥补。这是我的立意所在，我没有丝毫的主观愿望，让孩子们都“回家”。

在这里，我还要告诉家长们，如果你决定和我一样，选择让孩子在家里接受学龄前的教育，你必须拥有那些比幼儿园更得力的基本条件。

心理与教育科学发展到今天，已经有相当充分的证据证明一个人六岁前接受的教育，对于他的一生具有何其必然的决定作用。今天看来，“三岁看大，七岁看老”不再是游戏之言，它可以说是建立在充分的经验基础上的科学论断。

而我们大多数人对儿童六岁前的人生经历还没有做到足够重视，或者说，我们没有持严肃认真和正确的态度来对待这一阶段孩子的成长和发展。

当我们追究孩子的学习成绩为何落后，当我们拷问孩子的不良习惯甚至品行，当我们反省我们所给予孩子的教育环境和教育条件时，我们必须回溯到孩子的幼儿时期，我们是不是有效地利用了教育资源，培养起孩子高效的学习能力，我们是不是帮助孩子建立起良好而稳定的行为习惯。

“建立”一种习惯比“纠正”轻松得多。为人父母所肩负的最本质的教育责任，是一种“建立”的任务，并非“纠正”。而“建立”的最佳时期，我们选择在学龄前而绝非入小学后。孩子或者在家里，或者在幼儿园，这并不重要，重要的是我们如何让有利的教育资源在一个孩子的成长过程中发挥最好的作用。

孩子每天有多少自由选择的机会

好的教育，根本目的是充分发掘人的潜在能力，使其既保有独特的个性特质，又能够顺利地适应他可能面对的任何社会环境。只有充分地尊重孩子与生俱来的禀赋，才可能更有效地帮助其步入成年人的世界，并在那个略显嘈杂的世界中找到适得其所的位置。

而今，“唯命是从”“俯首帖耳”，不再是人们追求的做人与做事的风格，我们越来越讲究创造性地去完成工作，无论你是管理者，还是被管理者。

如果生存目标是既定的，回过头来再审视教育方法和教育内容，我们就能够清楚地获知，哪些有利于目标，哪些不利于目标。

幼儿园教育过早地让孩子进入了集体化训练阶段。尽管“教育纲要”对幼儿园的班级定员有严格的要求，但是要求归要求，目前的大多数幼儿园还难以做到指定的要求，它们多半人满为患，三四十孩子挤在一间二三十平方米的“活动室”里，“两教一保”(每一个班级有两个教师和一个保育员)的配制尽管基本做到了，事实上，孩子面对的只有一个教师(因为两个教师采取上、下午轮班的方式，而保育员的工作只是事务性的)。

面对如此多的孩子，教师组织活动只能是集体化的。孩子的活动方式多半只能是“被动”地接受教师的安排。否则，就会出现极度混乱的情形。如果你细心一点儿，你就会在幼儿园各班级的门上发现一张“作息时间表”，细心的教师会把孩子的大小便时间都加以严格的统一。生活的规律性，自然是必要的，但过分严格地追求规律，尤其在幼儿阶段，势必造成孩子过于刻板的行为方式。更值得注意的是，教师在束缚孩子行动的同时，是不是也在束缚孩子的思维发展？这必须引起足够的重视。

但我们的幼儿教师基本上管不了那么多，至今她们中相当一部分人仍将自己工作的着眼点放在“孩子们别磕着、碰着”上。从某种角度我们应该理解教师的难处，在有限的条件下，也只有建立有限的标准。

对此，幼儿园教师可以扪心自问：每天，你究竟给孩子多少自由活动的时间？多少自由思考的空间？多少次自由选择玩伴和玩具的机会？

在幼儿园里，教师和孩子的关系，是“恒星和卫星”式的。每一个孩子都必须按照教师既定的轨道运行，稍一出格，这孩子就有被视为“坏孩子”的可能。定义下得果断，很可能让其背负一生。

我们不能奢望这种集体化的早期教育能够培养出我们期望的那种充分发挥了自我个性潜质的人。而全部的规矩在孩子那里非但没有起到建立良好行为习惯的作用，反而丧失了孩子发展自我约束力的大好时机。

人生缺乏“挚爱”与专注，是极大的遗憾

自我约束能力是决定一个人能否以最短的时间、最快的速度适应新环境的关键。我们必须在尽快领会某一陌生处境的客观要求后，能够做到比较轻松地约束自己的行为甚至表达方式，才可能达到身心愉悦地享受工作和生活的快乐。

自我约束应该是一种自然形成的习惯，从某种意义上说，它出于人寻求自我保护和生存保障的本能。

再低等的动物都拥有约束自己行为以躲避伤害的本能。小鳟鱼必须躲进珊瑚丛，以逃避鲨鱼的袭击；

小松鼠不能受地面的诱惑而离开大树，以防猎物的攻击；棕熊必须掌握恰当的时机，躲进树洞冬眠以免寒冷的刺激……

而一个孩子的自我约束力同样是建立在生存本能的基础上的。在他所必须面对的环境中，他应该自发地懂得什么行为可以得到鼓励，什么行为可能会带来不愉快的情绪。他几乎同样出于本能地从成人的反应中学会了自我约束。

在幼儿园的生活中，孩子不必体察成人的细腻反应，所有的“好孩子”只要做到“服从老师的命令”。在久而久之的被动接受与管束中，孩子细致地体会环境和迅速作出反应的能力在日渐丧失。一个本应自发而主动地面对环境的孩子，很可能变得越来越机械和被动。

如果你是小学一年级的教师，你很容易发现幼儿园的孩子虽然经历了集体生活的训练，但他们中相当大的一部分并不具备良好的行为习惯。他们不能较长时间地集中注意力，以达到有效地听讲；他们不如我们想象的那样拥有良好的社会交往能力，做到和同伴们和睦相处；他们甚至不完成作业，不能达到一个小学生最基本的要求……

这一切都和孩子的自我约束力有着直接或间接的关系。幼儿园教育没有从根本上找到切实可行的方法让我们的孩子主动面对自己，并主动地认识和适应新的环境。而小学教师的要求很可能不再像幼儿园教师那样事无巨细，这正是孩子在相当长的时间里出现学习障碍的原因。

“服从命令”本身并没有错，关键在于我们是心甘情愿的，还是迫不得已的。这就是主动和被动之别。在幼儿园的游戏活动中，孩子们常常是乘兴而玩，败兴而收拾。因为他们必须服从老师的旨意，到“小便”的时间了，大家必须去厕所。

听上去，这几乎有些可笑，但这就是幼儿园的现实。孩子们不能自己管自己，自己要求自己。他们玩得不尽兴，久而久之对任何事物都开始抱有“可有可无”的无所谓态度。人生缺乏“挚爱”和专注，是极大的遗憾。幼儿园没有为孩子提供发展“挚爱”和专注的良好环境。

孩子的时间被无偿地分割

凭借成人的感受，我们很容易发现：枯燥而乏味的生活，往往源自我们的生命中缺少对某些事物的“挚爱”，我们生活得冷漠而单调。

我们需要充分保有对知识的渴望，对新生事物的热情，同时我们又拥有充分的耐心来对待习以为常的事物，生活因此才得以呈现它的勃勃生机。

教育需要我们细致而耐心地去发现每一个孩子的不同特质，需要珍惜他们“小荷露角”般凸现的才华。我们要为他创造尽可能得力的条件，充分发挥其独特的表达方式，这就是我们追求的创造力的本源。

现在我们再来看幼儿园的教育能否为孩子提供这些条件。要求教师去发现每一个孩子更深层的个性特质，只能是勉为其难。而要求教师给予孩子充分发挥其独特才能的机会，仍是奢望。

我们已经知道，面对二十几个孩子，我们的老师实在是时间有限、精力有限，或者说对教育的理解有限，我们不能过分苛求任何教育机构对我们孩子所承担的责任，因为就教师而言，所有的孩子只是他们日复一日的工作对象，但所有的孩子都是他们父母生命的内容。

一个无意间萌生了绘画兴趣的孩子，他又恰好具备某些与生俱来的天赋，我们必须敏锐地及时发现，及时鼓励。我们要尽可能提供给孩子充足的时间和丰富的材料，他们会因此而走进一个奇妙的世界，因此而寻找到一条探索世界和生活的更为丰富多彩的道路。

在此，绘画已经远远地超越了一种技能，它是儿童探索世界的方法和途径，而教育所能够提供的恰恰应该是让孩子携着这根拐杖渐行渐远。他很可能因此顽强地找到适应他创造性生存的方式。

幼儿园教师所给予孩子的学习安排和活动安排，我们不能说是不合理的，它拥有它有力的科学依据，但它又的确是以牺牲孩子的独立意志和自我探索的精神为代价的，我们孩子的时间被老师无偿地分割着，我们孩子对某种事物可能产生的独特向往被剥夺了。

孩子需要属于自己的单位时间，他们需要在完全独自的时间和空间中，通过截然不同的方式，去发现新奇的事物，理解陌生的生活，找寻有效的方法。而成人自以为是的干预，除本意是好的外，再没有任何可取之处。

在幼儿园中，这种干预可以说到了无孔不入的地步。

社交能力，不是建立在孩子和孩子之间的

我对幼儿园教师的感情，更多的是体恤和同情，我体恤他们终日和孩子打交道的不易。作为父母，对待一个孩子，很多时候我们都表现出无能为力，试想一下，我们的教师所面对的是二十几个孩子。

如果你不经意地走过幼儿园的楼道，而恰好赶上所有班的孩子都在自由活动，你所要承受的噪音分贝，绝对是远远超越你所能承受的阈限范围的，但我们的老师能够承受。长期的幼儿园工作，已经让他们练就了“视而不见，听而不闻”的本事。

这一能力，在有利于他们抵制噪声的同时，却大

大削弱了一个教师对待儿童的最基本的怜悯和疼爱。在幼儿园里，如果你看到一个孩子委屈地跑到老师面前，状告某某小朋友骂了他或打了他，而此时此刻，教师面部表情现出全然的麻木，你一定不要大惊小怪地认定我们的老师缺乏最基本的爱心和耐心，如果他们要认认真真地解决这一类问题，他们很可能没完没了，无形中工作量大大增加。

所以，大部分幼儿园教师采取绝对的统一行动，老师弹琴，小朋友唱歌；老师放录音，小朋友听故事；老师组织游戏，小朋友一起玩……在这一系列的环节中，事实上，教师的工作降低了难度。

但是，我们的孩子呢？他们在幼儿园里，从根本上没有学会"解决问题"，其中包括孩子和孩子之间的、孩子和老师之间的，甚至包括孩子和家长之间的。

在我最初和我的师长们探讨孩子留在家里的问题时，我最尊敬的老师、一位曾经对学前教育理论有着相当深入研究的学者，用一种对我的所作所为不可思议的严厉态度指出：“你考虑到孩子的社会性交往能力了吗？”

我知道，她担心我的孩子没有集体的环境而变得孤僻，出现交往障碍，甚至影响到他的社会性发展。但幼儿园又给了孩子多少真正意义上的指导呢？

我们知道，在儿童的社会性发展方面，他需要更加细致而行之有效的指导，他需要成人对社会性更为本质的理解，他应该建立在孩子和成人之间，而非孩子和孩子之间。

在幼儿园里，你常常可以看到这样的情形：一个男孩子抢了一个女孩子的玩具，如果是一个厉害一点儿的女孩，她会反手再抢回来，但一个懦弱的女孩就会采取哭的方式，希望获得老师的同情和支持。但这类事情，在幼儿园里，大多以不了了之而收场。教师们没有充沛的精力来解决这一类在他们的眼里很可能是没什么大不了的问题。

但是，对于那个男孩子来说，他很可能就此养成了倚强凌弱的霸道性格，而那个懦弱的女孩子很可能因此而一生懦弱下去。我们知道这些都不是一个健康人所应该拥有的健康人格。

我从我自己孩子的教养实践中充分地体会到，只要我们给予孩子充分的关注和指导，所有的问题都不是问题，但失去这个前提，不是问题的问题都成了问题，这或许就是大多数“问题儿童”产生的根源。

从幼儿园开始的平均主义

幼儿园教育，自始至终是一种平均主义的教育。幼儿园的教材是以每一年龄段儿童可接受的平均智力水平为基准编写的；幼儿园教师是以她班上孩子的平均年龄特点（心理的和身体的）为基础，确立教学方法和形成解决问题的习惯的；幼儿园饮食的热量摄取标准也是该年龄段儿童的平均摄取量……

我们在幼儿园任何一堂课上，稍微留心就能够发现，教师所教授的内容，对于一部分孩子几乎是多此一举，而对于另一部分孩子而言，接受起来仍具有相当的难度。在我没有孩子的时候，我和所有教师一样，对这种现象熟视无睹，我们还认定这是完全正常的，我们的教学内容和方法也是无可挑剔的。

但当我五岁的儿子出于对恐龙的兴趣，运用他自己独特的方式深入进古生物学领域，进而建立了自己对那个遥远世界的相当系统的知识结构时，我的惊愕程度可想而知。我惊异于孩子的学习能力，它远远超出我们的想象。

幼儿园教育忽略了相当一部分拥有更高智力潜质的孩子。他们很可能是相当出色的，但他们人生最初几年的教育，并没有激发他们的潜能。

在这里，幼儿园教育不能和小学教育相提并论，小学教育尽管存在同样的问题，但它进入了一种知识的精确化过程。在这个过程中，几乎所有孩子站在同一起跑线上，而幼儿园的教育自始至终是一种浮泛的教育。孩子接受的程度如何，没有准确的衡量标准。如果教师对教学的理解同样停留在简单的知识性的给予上，那对于相当一部分孩子是不幸的。

我们以幼儿园的语言课为例，至今大多数幼儿园的语言课仍停留在“老师讲故事，孩子听故事”的阶段，我们振振有词地排斥孩子们“识字”和“阅读”。我们说孩子认字会影响他到小学阶段对汉字的兴趣，重复学习会给孩子带来不良的影响。无疑我们忽视了两个教育阶段的不同要求，学前阶段，重在读，而小学阶段重在写。只要方法得当，孩子非但不会厌倦小学阶段的重复学习，还可能降低了汉字学习的难度，真正做到帮助小学低年级学生“减负”。

阅读，使孩子尽早地摆脱了“听故事”的局限，他们可以更广泛地汲取他们感兴趣的知识，他们可能在幼年就建立起不为我们所知的一种对知识的理解，更重要的是，阅读仍是一种方法，我们教会孩子一种方法，远远比教他一个好听的故事更高明。这就是给他们“Fishing(钓鱼)”，还是给他们“Fish(鱼)”的最好诠释。

至于胖孩子应该如何控制热量，瘦孩子应该解决哪些饮食问题，在幼儿园里，我们几乎从不奢望。

自我学习的关键

在孩子的成长过程中，我最大的惊异莫过于他的“发现式学习能力”。发现式学习是长期以来被心理学界与教育学界充分肯定的学习方法。

“发现式学习是人独立发现事物的意义和规律的学习。它有利于激发人的好奇心及探索未知事物的兴趣，调动人的内部动机和学习的积极性，最大限度地为他们提供自由回旋的余地，使其自然成熟并得到发展。它还有利于批判性、创造性思维的发挥，是极为生动活泼的学习，有利于学会发现的技巧和学习迁移的能力。”

在今天，“继续教育”越来越受到重视。人们清醒地意识到学习将伴随人的整个生命过程。只有“活到老，学到老”，我们才可以获得真正意义上的自我发展和自我完善。然而，社会所提供给我们的义务教育是有限的，余下的人生学习，大部分依赖我们的自学能力，而真正有效的自学可以深入到生活的方方面面，从某种意义上说，一个人的自我学习能力决定了他一生的幸与不幸。

而发现式的学习方法是培养孩子自我学习能力的关键。我们应该从一个人生命的开始阶段就让其充分地享受到这种学习方式的乐趣。

我的孩子没有跟任何人学习过绘画，但他今天的绘画技巧和能力，已经令我们成人自愧弗如。他所依赖的是我们提供给他的完全可自由支配的时间和空间，以及丰富的绘画材料。就这样，他在独自的探索中，不仅掌握了基本的平面形状，同时找到了空间的透视关系。

看着一个五岁的孩子每天执着于自己的画面上，我的内心无限欣慰，我从没有因此而奢望他成为画家。我的欣喜之处在于，他找到了这样一种宝贵的学习方法。我相信，他将因此而获益终生。

孩子需要完全属于自己的时间和空间，他们需要在这样的时空中建立起完全属于自己的精神世界。一个基本生理需要得到满足的婴儿，他可以长时间地躺在摇篮里，环视他周围的世界，他就是在认识，在学习，在建立内在的知识结构。成人的脸在此只是他认识的对象之一，他所需求的是更为广阔的外在世界和更为丰富的内在世界。

从这个角度来说，幼儿园的生活限制了孩子发展自我学习能力的机会。尽管发现式的学习方法是每一位教师在他的职业培训中都可能接触到的，但碍于理解能力和环境条件，真正提供给孩子的少之又少。

因此，我们的家长在家庭环境中，为孩子提供这样的学习方式就显得尤其重要。对于家长而言，这也是可供选择的一种异常轻松的教养方式，学会让你的孩子独处，然后帮助他们利用独处的时间，不是看电视，是阅读；不是看图画，是画画；不是索取新的玩具，是将全部旧玩具玩出新的花样……

我知道那是孩子想家了

到这里，我必须说说“全托”幼儿园了。如果你是一个20世纪60年代出生的城市孩子，恰好你的父母又是“多快好省地建设社会主义”的中坚力量，那你就相当地不走运，你有最大的可能性被父母送进“全托”幼儿园，你的日子是在那个热闹的集体里，却相当孤寂地度过的，你的父母却异常武断地相信，集体生活将很好地培养起你的独立生活能力。

但今天，已经成人的你，很可能在处理生活中最基本的问题上，犯最常识性的错误。追根究底，问题很可能就出在你儿时没有真切地体验过实实在在的家庭生活上，你试图运用你在幼儿园时期培养起来的简单的行为模式解决你的生活矛盾，结果你屡试屡败。后来，为了铲除一切矛盾的根源所在(那根源很可能就是孩子的教养所带来的一系列麻烦)，已经为人父母的你，又将你的孩子果断地送进一所你自认为用金钱权且可以平慰你愧对孩子心理的贵族幼儿园。你有轻松之感，然而，你的不幸之处恰恰在于你再一次埋下了你孩子的不幸根源。

我自认为我是一个善良的人，我曾拥有一个幼教工作者最崇高的职业道德，它基于我对孩子本能的热爱。在我曾经一手创建的那所“全托”幼儿园里，我视所有孩子如己出，但我的经历使我产生强烈的愧对孩子的心理。每当夜晚来临，他们静静而乖乖地躺在床上，我没有足够的时间，轻轻地对着每一个耳朵问：今天，你开心吗？今天你有没有遇到你不能解决的问题？我常常能听到“唔唔”的哭泣声，我知道那是孩子又想家了。我的安慰是徒劳的，我知道让这么小的孩子承受这么巨大的别离之痛，是残忍的，而我的安慰只可能起到压抑孩子情感的作用，反而不如让他哭一哭，得以释放和发泄。但我的内心却无时无刻不在承受一种煎熬。这的确是我们成人过早强加给孩子的一种艰难的生活方式。

一个未谙世事的孩子究竟要付出怎样的努力，甚至代价，去战胜它所带来的身心折磨？我不敢想象，但我知道，在某一人生阶段，这些孩子的内心是失衡的，较之得到父母细腻关爱的孩子，他们的内心矛盾和冲突一定更多，更难以解决。

更令我叹息的是，我们的父母还沾沾自喜地认为，他们有条件花上不菲的价钱，为孩子创造如此优越的教育条件，他们对自己相当满意。这是父母的悲哀，是被错误的教育观念误导的悲哀。

我最终关闭了我的幼儿园，但我知道我的初衷是好的。实践使我终于相信了理论和现实之间的巨大差距，对于人的教育，我们必须从生活的实际出发，我们不能盲目而被动地去满足社会的需要。

伍

学好，玩好，生活好。这是我考量各阶段孩子成长质量的综合内容。

如果都很好了，那么最终他考上了怎样一所大学，我不以为意。

孩子是在我们的态度和标准中
建立自己的态度和标准的。

寓教于游戏

对于任何学科的学习，我们都必须清晰地意识到孩子的个体差异。音乐如此，数学如此，语言亦如此。我希望通过我的文字帮助妈妈们意识到家庭教育的重要性，正是基于学校教育不可能认真对待孩子们的个体差异。因为至今无论哪一个阶段的学校教育其实都无法实现小班教学。越是好学校，班级越大，教师根本无从实现针对个体差异的教学，所以，父母如何利用家庭资源，在充分了解孩子个性特质的前提下，发展学习能力，提高学习效率，尤显重要。

英语学习，花同样的时间下同样的功夫，有些孩子事半功倍，有些孩子却事倍功半。这是语言天赋使然。

在陪伴孩子成长的过程中，我不断地提醒自己，我首先是在发现什么，而不是盲目地培养什么。脑神经科学发展到今天，不断地在证实人与人之间的遗传差异性。我们必须客观地正视这种差异，我们的教育才可能是既节约又有效的。

每一个孩子语言智能的先天条件不同，兴趣点不同，这就决定了他们学习的路径不同。我在自己孩子英语学习的早期，忽视英语培训的作用，是因为我的孩子有足够的能力可以实现自我学习（自己听录音并跟读背诵）。但对于那些没有自我学习能力的孩子，又没有父母的陪伴，他们要想掌握一门外语，接受课外培训一定是首选。

我儿子的小学同学，绝大部分英语成绩优异的都是当初参加剑桥英语考级的孩子。他们利用课余时间，或情愿或不情愿地在培训班里接受一级接着一级的语言训练与考核，最终，提高了英语成绩的同时，拿到了一本接一本的证书（这些证书是当时小升初的敲门砖）。

我个人并不认同任何为了考级考证而学习的方式。因为这种学习有最大的可能扼杀孩子对学习内容的兴趣，转而将学习演变成一种功利行为。我以为，我们引导孩子学习的最高理想，应该是帮助孩子发现某一门学科的魅力，从而体会一种成就感。

如果学校教育别无选择地仍停留在为考试而学习的低级层面，我们家庭教育的视角应该转而引导孩子超越为考试而学习的目的。

我当初重视儿子英语学习的原因是，我希望他能够去接受全世界最好的教育，所以，我必须要帮助他奠定语言的基础，但这个基础绝不单单是以考试为目的。

在国内，孩子没有语言交流的环境，但是有语言欣赏的良好环境。所以，家庭中的英语学习，应该将目标放在让孩子们看原声电影、读原版小说、听原版音乐上，这更容易激发孩子们学习英语的兴趣。

我们要始终牢记一点，家庭教育不是学校教育的简单延续，而应该是学校教育的一种充分的补充，补充应试教育所无从抵达的学习境界。而最终我们会惊奇地发现，其实我们的目标是远远高于应试的，我们的孩子最终的成就也会远远高于成绩本身。

英语学习非常重要，孩子多掌握一门语言便多了一个世界，多了一个视角。但是如果没有好的学习方法与路径，英语学习的过程便是毫无意义可言的，我们在做的便是“无用功”。

好的学习方法，一定是孩子对语言本身产生兴趣，而不是为了考试而学习。还有一件小事，我儿子小学五年级开始玩一款电子游戏，我刻意给他买来的是原版游戏，没有中文翻译。这款游戏，成为他英语学习的重要工具，熟练掌握这款游戏后，他的词汇量大增。

他常常让我听游戏中的配音，非常纯正的美音，他很陶醉地去模仿那些句子。有时候，他和小朋友一起谈论游戏时，也会脱口而出那些精彩的英语句式，说得像模像样。

我希望家长们都能理解，孩子的学习，是一件有趣的事情，我们不要将学习刻板地归纳为课堂学习。寓教于游戏，始终是儿童教育的最高境界。

舍本逐末的语言教育

在基础教育阶段如果将英语教育的重要性提高到超越汉语教育的地步，那就一定犯了本末倒置的错误。在当今的家庭教育中，这种错误是普遍存在的。父母们花大笔的学费让孩子去接受英语培训，但很少去学汉语。或许他们以为汉语时时刻刻都在说都在听，还有什么值得培训的？的确在汉语学习中，培训的意义不大。但是，如果一个孩子没有良好的中文功底做基础，他的英语学习即便是花尽财力和气力，恐怕也无法抵达更高的境界。

我所指的中文功底，不是指口头表达能力，而是指阅读和写作能力。试想一个孩子对中文阅读都缺少兴趣，他对英文阅读的兴趣会高到哪里？如果他连中文写作都犯难，何谈英文写作？

我儿子初中毕业后赴英国读书，第一年，他和英国孩子一样学习英国文学，其中有一篇莎士比亚的戏剧《第十二夜》的赏析，学校组织孩子们去镇上看这部戏剧。我的孩子虽然长在中国，可是对于戏剧本身并不陌生，我定期带他去看北京人艺的演出，我认为话剧是汉语学习和鉴赏的最好方式。所以由中国戏剧到英国戏剧，在我儿子那里恐怕就是一层窗户纸的距离，一触即破。

在英国的第二年，他开始接触《圣经》，我相信最初他是将其作为故事来阅读的。就像小时候我给他买的一本中文版的《古希腊神话故事》一样吸引他。一本《圣经》，引领他走近宗教。

我不主张家长将教育投资全部倾注在英语培训上，

我们应该分配更大的财力和气力在孩子的中文阅读和写作上。要培养孩子中文阅读的良好习惯，要舍得给孩子买书，从他喜爱的书开始买起，逐渐引导他阅读应该读的书。阅读习惯一旦建立起来，未来从中文过渡到英文就是一个时间问题了。

至于写作，我特别不能接受英文写作的培训，几乎所有课外英语培训的写作都以提高考试成绩为目的。孩子们学到的是刻板的“英文八股”式的写作方式，彻底遗失了写作的真实价值和意义。

写作的最终目的，不是考试，而是一种信息和思想的传递。我们要让孩子习惯于用汉语表达自己，表达自己的意愿、情感和思考。在这一层面上，语言实实在在是作为思维的载体而存在的。如果一个孩子没有能力用他的母语来表达最基本的情感和思想，我们更无从期待他用英语准确地表达。

我希望家长们能够深刻地领悟“语言是思维的载体”这一重要的定义。在国内，母语（汉语）永远都是

“本”，是口头与书面语言表达的根本，而英语只作为一种“工具”而存在。我们要用汉语来帮助孩子建构他独特的精神世界、良好的阅读习惯、流畅的表达方式（口头和书面）。在此基础之上，他才有更大的可能，在英语的世界里，游刃有余地驾驭“工具”，享受和母语思维一样的乐趣。

中文教育的目的

一直以来，我以为应试教育最可怕之处在于，它将任何学科的学习均与考试成绩建立起必然的联系，数理化如此，或许不会有太大问题，因为大部分试题答案可以是唯一的。可是中文教育，如果也生硬地和考试成绩挂钩，那就注定其尴尬的结局。

我以为中文教育的最终目的（或终极目标）只有一个，就是让孩子在建立良好的阅读习惯的基础上，找到自己的文字表达方式（或风格）。有些孩子可能喜欢用批判性的文字来表达自己对社会的认知，有些孩子可能更喜欢用抒情的方式来表情达意，这些和每一个孩子的个性特质相关，和他们的人生阅历相关，如何表达不重要，重要的是他有能力表达。

看看我们学校的语文教学，先说所谓的作文教学，无不以命题作文开始。无论你喜不喜欢，无论你愿不愿意，你今天都必须写《一件×××的事》、《一个×××的人》。

我清楚地记得一个朋友的孩子的故事。小学语文考试，他从来没及格过，为什么？因为老师让他写《我的铅笔盒》，他就一定要写《我的橡皮》，老师问他为什么，他说我喜欢写，我想写。这个孩子的表现当然是一个极端的个案，他注定被学校教育所淘汰。可是，我读过他写的日记，真的是精彩极了。

我并不认同朋友教育孩子的方式，她过于在乎孩子的自我意志，而忽略孩子在群体生活中必须遵循的基本准则。一个真正健康的孩子，他一定既能写出《我的橡皮》，又能适时按要求写出《我的铅笔盒》，哪怕《我的铅笔盒》远远不及《我的橡皮》那般精彩。

在此，我想说明的是，如果学校教育一开始就强调“命题作文”，那我们家庭培养孩子文字表达能力的基础应该放在自由写作上。孩子必须学会自由地表达，才能最终实现目的明确的表达。

再说一件我自己的亲身经历，中学时代，在我们班，我的作文不错，但我的每一篇文章读起来都较另一位女同学的逊色，她的作文堪称完美的典范，有漂亮的辞藻，有精致的结构，更有引经据典的深刻，篇篇都像是作文选里抄来的，但我们知道她不会抄，她只是用心地去学习人家的作文。

我则很少看作文选，我喜欢看大部头的小说，所以，我的每一篇文章，尽管不失精彩之处，却总是被老师批作“不够完美”。可是，正是在不够完美中，我试着表达自己真实的感受，而不是学着表达别人的想法。这是我在培养儿子中文表达习惯时深刻反省的一件事。可以说，我的孩子是在家庭教育中开始他的第一节中文教育课的。

识字

中文教育的第一课，毋庸置疑是“识字”。

“识字究竟从什么时候开始比较好？”我经历过无数次这种提问。在此，我必须万分抱歉地对我过去的学生们说声“对不起”。在我有自己的孩子之前，我曾经在一所幼师学校教授“幼儿园语言教学法”，那时，我一板一眼地备课，根据教科书上的说法，我告诉我的学生们：不要在学龄前教孩子们识字。因为那是幼儿园小学化的典型特征。

今天，我很惭愧地告诉大家，等我有了自己的孩子，我才幡然醒悟，识字对一个学龄前孩子来说何其重要！我几乎可以毫不犹豫地告诉妈妈们：其实，识字从什么时候开始都不算早！

我儿子正式识字是在两岁半。那时，我们生活在湖南乡下。他在爷爷奶奶家，正是自由自在地和乡下孩子摸爬滚打的时候。我母亲是中学语文教师，那年刚刚退休不久，正受退休综合征的煎熬，她和我们一起住在乡下的公婆家，寂寞难耐，便提议教儿子识字。起初我不以为然，不觉得识字对儿子有什么重要意义，可是看到比儿子大几岁的乡下孩子仍旧闲散在家，没有入学就读，我就提议找来几个孩子一起学习。

我母亲立刻来了兴致，她将简单的汉字工工整整地用粉笔书写在绛紫色的大门上，孩子们每天来家里跟读几遍，没几日，整整一门板的汉字竟都掌握了，母亲便又写上新的，如此半年下来，我儿子竟牢牢地掌握了近三百个汉字。其实，当其他孩子用心学习的时候，两岁半的他，是一副漫不经心的样子。我母亲也不刻意调教他，我更是听之任之，可即便如此，他也和那些六七岁的孩子一样，几乎掌握了所学的全部汉字。因为我们每天都和他一起阅读，阅读过程中就会不断地强化他学过的汉字，如此，他比其他年纪大的孩子掌握得更扎实。眼见着三岁左右的儿子能坐在行驶的汽车里准确无误地读出街边的店铺名称、广告辞令，我心中无限欢喜，这才敦促着母亲继续教儿子识字，自己也将这件事牢牢地放在心上。

待我们回到北京，母亲找来一本集中识字的教材开始了按部就班的识字课程。每天保证识三个生字，时间就放在晚上睡前故事阅读之前，我和母亲轮流坚持，从不懈怠，如此这般，到了儿子五岁，他已经开始独立阅读大部头的书了，那时，他最喜欢读关于恐龙的书，无论多么生涩复杂，他都坚持一本接一本地读懂、读熟。

深刻反省我育前育后对待孩子识字的态度，我仍可以坚持在幼儿园不必开设专门的识字课程，但要将识字贯穿在儿童的一日生活与活动之中。在此，我不想过多地探讨我对幼儿园识字教育的新认识，我更愿意将识字这个重要的任务留给家庭教育。因为幼儿识字，其实越是个性化的方式越会收获意想不到的效果。妈妈们在此可以发挥无限的想象力和创造力，来完成这一家庭教育的重要内容。

你可以从孩子最喜欢的图书入手，可以从孩子最喜欢的玩具名称开始，也可以从孩子最喜欢的食物入门，更可以从“爸爸妈妈”这些人物的称谓开始孩子识字的第一课……

重要的是要给你的孩子建立自己的识字表，不断重复，不断强化，不急于求多，但求扎实。这个识字表要记在妈妈的心里，妈妈要在生活中随时随地地鼓励孩子大声呼唤出他已经掌握的那些汉字“小精灵”。

在此，我必须提醒妈妈们识字方法不当的严重后果，就是“欲速则不达”。孩子可能会在短时间内实现大量的识字，但枯燥单调的识字，最终很可能导致孩子对识字过程的厌倦和畏惧。我们必须不断调整孩子对识字的兴趣，引导他建立识和用之间的关系，让他们自己体会成就感和乐趣。

也正是基于此，我才小心翼翼地对待幼儿园的识字教学，因为一旦不慎将识字简单化为知识的灌输，后果便不堪设想了。

学前儿童的识字只有在家庭教育中，在个性化的教育中，才有最大的收获完美教育效果的可能。

我如何给孩子选书（1）

说完识字，就必须说阅读了。看看当下书城里浩如烟海的儿童读物，我每每都会茫然而不知所措。十几年前，可不是这般情形，为了给孩子找几本有趣的读物，我往往要走上好几家书店，淘宝一般。

我始终坚持，一段时期内给孩子的东西（无论是玩具还是图书）不能太多，要少而精，图书尤其如此。喜欢重复性阅读，这是学龄前儿童最典型的阅读特点。只要是孩子喜欢的一本书，他会百读不厌。这一点，做妈妈的一定深有感触。越小的孩子，这种“精读”的意义越大。只要孩子愿意，我们就要一遍又一遍地给他们读。读到某天他能自己一边翻书一边煞有介事准确无误地自己“阅读”为止。我将孩子这种不是因为识字而是凭借记忆进行的阅读，称为“假装阅读”。这是孩子对阅读这一事件本身发生兴趣的标志性特点。随着孩子识字的开始，我们就要和孩子共同完成阅读了。为什么我强调家庭教育中要完成识字任务，强调妈妈心里要有一个生字表呢？就是在阅读时，妈妈能够及时发现哪些字词孩子是认识的，这个时候，一定要让孩子大声读出来，这是激发孩子识字兴趣的最好办法。孩子无论多小，都可以体会成就感。日久天长，我们会惊喜地发现，我们阅读的部分越来越少，孩子自己读的部分越来越多了，直到实现独立阅读。

无论是我们给孩子读，还是亲子共读抑或是孩子独立完成阅读，我都认为，重复性阅读（精读）是非常重要的。因为只有精读，书中的语言才有最大的保存进孩子语言库的可能，日久天长才可能最终游刃为孩子自己的语言（口语和书面语）。

给孩子们选择读物的标准有很多，当下“必读”“经典”之类的字样儿可以毫不吝啬地赫然出现在任何读物的封面上。我相信经过时间洗礼的那些读物，绝对堪称经典。但在我给自己孩子选择读物时，我其实遵循的最重要的原则，是“这本书我儿子是否会喜欢”。我小心翼翼地给儿子选择“经典”和“必读”，即便再经典再必读，只要我儿子不喜欢，我都会毫不犹豫地淘汰掉。孩子们有权利选择自己喜欢的，我们其实无权横加干涉他该读哪本书，不该读哪本书。

当然，最初在孩子没有选择能力的时候，我们的选择是非常重要的，我们是在帮助孩子建立“口味”（先不说品位）。所以，在学龄前，我们给孩子什么尤显重要。

学龄前，我帮助孩子选择图书，最重要的标准是“有趣”，是富于想象的作品。我对图书的语言要求，首先拒绝“娃娃腔”。我从来不给儿子读儿歌，因为我以为儿歌是娃娃腔的范本。我坚持第一时间给孩子的，一定是最标准的中文表达。

还有一种特别重要的阅读，就是耳朵的阅读。我们有时过分在乎眼睛的阅读，而忽略了耳朵的阅读。其实，听，对丰富孩子的语言有时会比看更重要。因为听来的记忆，更容易输出。千万不要因孩子已能自己阅读，就忽略了让他们听故事。

我如何给孩子选书（2）

借用英语学习中“精读”和“泛读”的概念来描述孩子的汉语学习，我以为是非常重要的。精读是掌握汉字的重要过程，泛读就是要充分地使用。

我儿子在五岁左右便能够独立阅读了——他的识字量已经基本上允许他一气呵成地读完一本字数不是很多的童书。这个时候，我要求他大声朗读，这样个别不认识的字或认错的字，可以得到我及时的帮助和纠正。这个时候，就要注意给孩子增加阅读量了。选择读物的前提，我仍是放在孩子感兴趣的事物上。比如一段时期他对恐龙有兴趣，那我就搜罗来几乎所有适合他那个年龄段的关于恐龙的书。由恐龙可能引发了他对鸟类和鱼类的兴趣，我又接着搜索相关的书籍。

我不赞成有些家长漫无目的地给孩子买书，或完全根据成人自己的偏好给孩子选择童书。如果孩子这个时期对汽车有兴趣，那你就要围绕这个主题选择不同版本、不同内容形式的图书。这样无形中就以模块的方式帮助孩子建构了知识体系。孩子对事物的认知，就会逐步深入，而不是停留在皮毛上。而深入认知的过程，其实就是掌握学习方法、培养学习能力的过程。

还以我儿子对恐龙的兴趣为例。如果我只是给他买一两本关于恐龙的书，便开始给他其他主题的读物，他的兴趣很有可能会快速转移，但当我给他买到第十几本恐龙书的时候，他告诉我，他要自己制作一本恐龙大全。因为他发现每一本书都讲了恐龙某一方面的特性，他希望有一本书，可以讲他所渴望知道的所有恐龙的特征和习性。他真的就让外婆做了一个本子，自己开始工作了。我常常见他面前摊开好几本恐龙书，比如可能都是介绍“腕龙”的，他找出这本书中腕龙的身体特征，找出那本书中腕龙化石的发现地点和年代，很长一段时间，他都热衷于这件事。直到有一天，他严肃认真地告诉我，长大了他要成为一个古生物学家。我将孩子这种自娱自乐的玩，称为“研究型的玩”，其实所有孩子都能做到，重要的是给他时间并合理地引导。

直到现在，他仍沿用此种方法阅读。高中的一个复活节假期，他开始读村上春树，一口气读了《且听风吟》《挪威的森林》《舞！舞！舞！》，并带走了《海边的卡夫卡》和《国境以南，太阳以西》，他说他准备暑假期间读完村上的作品。他一边读一边会告诉我这个作家不同时期不同题材作品的特点，在比较中他试着去概括和归纳作者的写作特点。这个过程特别重要。

我儿子说，他记忆中最无聊的一次阅读经历，便是被小学语文老师逼着读《骆驼祥子》。他说，基本上没明白，那究竟是一个什么故事，老舍的语言风格要是现在读，他可能会喜欢，但当时，他除了读不懂，再没别的印象了。

我记忆中还有一个儿子小时候的玩伴，小学四五年级的时候，被妈妈逼着读《呐喊》和《彷徨》。煞有介事地天天包里揣着，一两年下来都没读完前20页。

我们心中的那些“名著”，千万要慎之又慎地给孩子，要在正确的时间以正确的方式给他们。否则，那非但没有任何意义，反而可能扼杀孩子的阅读兴趣。

让孩子听故事

孩子最初习得语言是依赖“听觉”（我们教孩子说话，给孩子讲故事）。可是到了孩子能自己阅读的时候，我们往往开始忽略孩子已开始使用听觉器官进行语言学习了。

因为我从小痴迷于长篇小说、评书连播，尤其喜欢传统相声，所以，我儿子上小学后，我开始有计划地给他这些东西。我到处搜罗小说及评书的CD，允许儿子在完成学校作业的同时，收听这些内容，他陆陆续续听完了《三国演义》《水浒传》《西游记》《岳飞传》等。我母亲曾一度认为我这是在纵容孩子，因为老师们对学生的要求一贯是全神贯注地学习。

其实，我们每一个人的注意分配品质都是不同的。我觉得在孩子小时候，我们不应该只是培养他一心一意的习惯，而是要培养他一心可以二用（甚至多用）的高效率。孩子们一边听音乐一边做作业，有何不可呢？尤其是在完成学校那些简单的重复性作业的时候。其实，写就是一种机械性的工作，这个时候他完全可以将注意力一分为二进行有效分配。但我绝对不允许他看电视时写作业，有时候允许他听电视写作业，就是将画面遮上，只是听电视的内容。

其实，后来我儿子的英语学习没有遇到太大的障碍，我以为很重要的原因也取决于他的耳朵得到过充分的训练。

这种听觉阅读的训练还有一个重要的意义，就是为孩子进入学校后的学习方式做铺垫。我们知道，学校学习其实重要的就是运用听觉器官学习，每一节课都是“听讲”，听觉学习能力越强的孩子，他上课的收获越大。为什么有些孩子在课堂上所有问题都解决了，而有些孩子就是没有办法解决好课上的问题，要花费大把的课余时间补充学习，这中间一个是注意的品质问题，另一个就是听觉学习习惯是否建立起来的问题了。

要从特别小的时候，就开始让孩子听故事，尤其是独立地听故事，我当初是给孩子买有趣的故事磁带，现在应该有更便捷的方式，只要孩子没有睡觉，无论他在干什么，他都可以一边听点儿什么一边干点儿什么。一段时间里，还是要不断地先给孩子重复听较少的材料。儿子在学龄前，一般是一盘故事磁带听到他自己完全能复述为止。后来，我更是热衷于让他给我讲评书、讲小说，只要他有兴趣讲，我都是他最忠实的听众。

我曾经带儿子去天津的一家茶馆听相声，那时他大概十岁，一坐就是三个半小时，他乐此不疲。有些传统相声，其实是非常有内涵的，抖包袱的时候，就我和儿子笑，别人都笑不起来，因为我知道只有我们两个人听懂了。

我们要帮助孩子建立丰富的语言兴趣，不单单局限于阅读，电影中的语言、歌词中的语言，甚至广告中的语言，都是值得学习的，都会极大地丰富孩子的语言材料库，甚至比阅读中收获的语言表达方式更生动活泼。所以，培养孩子广泛的情趣爱好，对汉语学习尤显重要。

游戏不是浪费时间

我说“其实上小学后才开始抓孩子的学习已经晚了”这样的话，绝对不是针对考试而言的，而是针对孩子的学习能力。理想的学龄前教育，可以培养孩子高超的学习能力和良好的行为习惯，这是孩子入小学后进入良性生存状态的基本保障，而学龄前的教育，在我看来重心又恰恰在家庭教育，而非幼儿园教育上。可惜目前大多数家庭还没有真正意识到这个阶段的重要性，或者说意识到了，却无从下手。我最担心一种结果，就是一旦过分强调学龄前孩子“学习”的重要性，大家会恍然大悟，立刻将小学教育模式下延至这个阶段。事实上，现在很多幼儿园在家长们的强烈要求下，已经开始了提前小学化的教育（按照小学课本开始学拼音，掌握加减法）。

在这里，我想特别强调幼儿园教育和小学教育的不同。

如果一所幼儿园不断地告诉家长，孩子在此学了什么或学了多少？对我而言，无法评判这是否是一所高水平、高质量的教育机构。因为我更想进一步知道，孩子是怎么学的，学的过程只是一种知识的灌输，还是从根本上提高了孩子的学习能力——这才是关键。

但是，如果换作一所小学的老师告诉我，孩子今天都学了什么什么，我不会过分追究他是怎么学的。因为我知道，今天的小学教育，绝大部分教学任务的完成是以课堂教学的方式，而几乎所有科目的教学任务，无不以知识的灌输为主。这个阶段，孩子在学校教育中所要实现的就是建构知识结构，你过分地期待更高级的培养，有时会更加失望。

我更看重孩子学龄前这段时期学习能力的培养，

绝对不在意孩子究竟被灌输了多少知识。而学习能力的培养，不在幼儿园的课堂上，而要通过“玩”（或游戏）来实现。

我为什么反复强调要及时发现孩子的兴趣所在，就是要及时抓住孩子的兴趣点，让他不断地将一时的兴趣持续地发展为长期兴趣，这个过程就是一个孩子发展学习能力的过程。

我们就拿孩子玩玩具来说吧。一个能持续将一个玩具（或一类玩具）玩透的孩子，他一定是学习能力非常强的孩子，而那些今天喜欢这个明天喜欢那个的孩子，恐怕就无从谈起他的学习能力了，起码你在他玩玩具这件事情上，无法判断他的学习能力。

一个对汽车感兴趣的男孩子，他每天都会车不离手，我们有时候不能理解，为什么他会如此迷恋这个玩具，其实是他赋予了这个玩具很多故事情节，一个玩具在他的手里是我们看得见的，但孩子如何让这个玩具成为他自己脑海中的无数故事的主人公，是我们无从发现的。但只要他对“车”保持持续的兴趣，他就可能从关注车的外形到关注车的种类和性能，再到自行组装各种玩具车，甚至去和小朋友PK自己改装的玩具车。这就是孩子发展自我学习能力的过程。

一个对娃娃感兴趣的女孩子，她会抱着一个娃娃不放，因为她很可能一会儿给它当妈妈，一会儿给它当姐姐，一会儿又给它当医生。她会在头脑中模仿成年人的行为模式，妈妈是怎样的，姐姐是怎样的，医生又是怎样的，她甚至会想象和自己的玩具娃娃一起逃离地球，去太空做客或者和地上的蚂蚁做朋友。这同样是孩子学习能力发展的重要过程。我们要不断深入理解学龄前儿童“玩”（游戏）的意义，我们要有能力深入到孩子的玩中去，科学引导，将玩进行到底。

玩出来的绘画力

我想用我儿子绘画的经历，来进一步阐述我对学龄前儿童“玩”和学习的理解。

我儿子没有上过幼儿园，事实上，他在上小学前，没有上过任何正式的课。他就是在家里“玩”，但他的玩有一个核心的内容，就是画画。

两岁多一点儿，我们在湖南乡下。一个非常偶然的机会，他用自己的一辆玩具车，换了一节小小的粉笔头。他乐不可支地在爷爷奶奶家的墙上、地上、家具上画线条。谁都看不出他绘画的内容，但他就是画得津津有味。当最后一点儿粉笔头用完后，他便痛心地号啕大哭。后来，在学校教书的姑姑给他带回了很多根粉笔，这些粉笔给了孩子一个全然不同的世界。

很长一段时间，他都执着于自娱自乐地满世界涂鸦，后来，他开始缠着家里人帮他画画，一会儿让这个给他画个汽车，一会儿让那个给他画只小鸡，没完没了，几乎所有人都被儿子折磨过，尤其是那些来家里的客人，有时会被他搞得非常尴尬，因为不是所有人都能想画什么就画出什么的。可是，我儿子就是执着地请他能抓住的所有成年人画他想要看到的东西。他并非真正要你画的水平有多高，即便一点儿眉目都看不出来，他也乐不可支。我们就提供给他大量的粉笔，也没有人制止他在任何地方涂鸦，我母亲当时一项重要的工作便是每天将儿子最常涂鸦的地方待晚上他睡着后，用拖布擦拭一遍。第二天早上，他一睁开眼就又开始了似乎永不疲惫的涂鸦。就这样不到半年的时间，他居然可以画出一些像模像样的东西了，尤其是汽车和房子，还有一些莫名其妙的怪物。那段时期，再高级的玩具都无法打动他，他就是着迷一根根小小的粉笔。

儿子三岁后，我们回到北京，那时候，我已经清晰地意识到绘画对我儿子来说意味着什么了，我相信它很可能引领我的孩子抵达了一个全然不同的世界。在那个世界里，我的孩子很可能收获了一大笔属于他的独特的人生财富。

在北京，我们不可能再纵容他到处涂鸦，我适时地开始给他各式各样的画笔和充沛的纸张，他开始埋首于纸上世界。这个时期，他开始集中画汽车，小汽车、大货车、公交车等等，只要是看到的车都会开进他的画面，令我感到震惊的是，他开始追求要画“像”，所以，他用心观察，一遍又一遍地画，单单为了画雨刷，我就刻意带他去坐过无数遍的公交车。

那一段时期，只要迷什么最后都会和绘画联系起来，他的所有玩具和动画片的内容最终都成为他绘画的丰富主题。

绘画，是我儿子一种独特的游戏（玩）。从中他收获了什么？首先是细腻的观察力，为了画像一样东西，细致的观察是前提；其次，他收获了良好的注意力，因为必须把足够的注意力专注于一个物件上，他才能画出让自己满意的作品；更重要的是想象力，那些用孩子的想象充实的画面，生动而有趣；而两岁开始的用笔习惯，对他后来的小学教育举足轻重。他一开始写字，就是最漂亮的，也是准确无误的。

这些构成了一个孩子的综合学习能力。依赖这种学习能力，我的孩子轻松愉快地完成了12年基础教育。他仍会继续受益于此。

此时此刻，我庆幸自己的教育学专业背景，让我有能力帮助孩子把握人生重要的转折。如果我对他早期的涂鸦熟视无睹，如果我无视他的绘画才能而教条地将他送进幼儿园接受集体教育，如果我没有适时帮助他将粉笔涂鸦转为纸面绘画，如果急于求成地送他去接受专业美术培训……每一个如果都可能牺牲我儿子这份天赋才华。

直到今天，我仍将绘画视作上帝赋予我孩子的最美最好的礼物，而我帮助我的孩子接受了这份礼物，并好好珍惜。

第五名多好啊

我并不反感"名校情结"，我必须承认在我的内心深处，也巴望着做"哈佛妈妈""耶鲁妈妈"。可是，我不会将这个理想，作为我儿子的成长目标。我在意他的成长过程，我凭借我的世界观和价值观帮助他取舍教育资源，这或许就是每一个孩子的成长宿命。我们都曾经活在父母对成人世界的判断里。

我不介意名校，就和我不介意任何名牌商品一样。只要我的孩子一步一个脚印地朝向他独有的那一种人生行进，一路上阅尽风景，作为母亲，我就是心满意足的。

儿子四岁时我们共同阅读过一个小故事，它深刻地影响了我对教育甚至人生的理解。至今，那本小书我都用心地珍藏着。我要把这个故事一字不漏地抄给你们——

呱呱蛙赛车

呱呱蛙、花面狐、蹦蹦兔、咪咪鼠和大尾巴松鼠都是赛车爱好者，每年都要举行一次“赛车会”，比一比谁开车本领好。去年，呱呱蛙得的是第五名，今年他发誓要得第一名，因此他买了一部最高级的红色火箭赛车。呱呱蛙得意地唱起了歌。

“嗬，老朋友。”呱呱蛙一见老乌龟，立即减了车速，说，“比赛哪有友情重要啊。”呱呱蛙把车停在一旁，热烈地和老乌龟回忆起小时候打水仗的快乐时光。就在这时，花面狐的蓝色赛车开了上去。与老乌龟告别的呱呱蛙，从第一名变成了第二名，呱呱蛙又把车开得飞快。

转过弯后，前面路边是池塘，满地的荷叶随风摆动，好美丽哟。呱呱蛙立即想到了自己的家乡，也是一个美丽的池塘，他太想家了，呱呱蛙不由自主地停了车。呱呱蛙跳进了碧绿的池塘，尽情地玩起来。这时，蹦蹦兔的绿色赛车从路上开了过去。等呱呱蛙再发动火箭赛车时，他已经成了第三名了。

呱呱蛙的车开得飞快，翻过一个小山岭，路边晃着大旗：“青蛙美食城”，阵阵的香气随风飘来。“啊，美食城，千万不能错过。”呱呱蛙又停下车，走了进去。正当呱呱蛙大吃的时候，咪咪鼠的黄色赛车疾驰而过。呱呱蛙带着香槟酒去开动赛车时，他已经成第四名了。

呱呱蛙沿着路标前进，见草坪上正在举行婚礼。呱呱蛙迅速地停了车，他抱起吉他唱起歌。婚礼可热闹了，正当呱呱蛙跳舞时，大尾巴松鼠的黑色赛车也开过去了。等呱呱蛙唱够了再上车，用最快的速度去追，但也只是第五名了。

到了目的地，呱呱蛙站上了第一名的领奖台，大家笑着告诉他：“你是第五名。”呱呱蛙站对了位置，他拿出香槟酒庆祝，又再次发誓：“明年一定要得第一名。”

儿子有声有色地读完这个故事，然后仰起小脸认真地对我说：“妈妈，呱呱蛙为什么一定要得第一名呢？第五名多好啊！”我惊讶地看着他，示意他把话说完。

“一路上，又和老朋友聊天，又在池塘里玩，又大吃大喝，还参加了朋友的婚礼。多有趣啊！”

你们无法想象我那一刻的震撼，是啊，第五名的确好处多多啊。可是，这个道理，为什么要一个孩子告诉我呢？在此之前，所有的老师都只告诉了我得第一名的好啊！

会玩、会学、会生活的孩子

儿子上小学前不知道做第一名的好，上小学后没多久便开始争第一了。在中国式的应试教育氛围里，所有孩子都难逃“以分数论英雄”的宿命。老师在卷子的右上角写一个“优”，然后，在“优”的边上写一个“-2”。“优”是做给“减负政策”看的，“-2”是明确地告诉孩子和家长，你的孩子此次考试表现不够完美（100 － 2 = 98分，这道数学题小学一年级学生都会做）。

儿子在小学低年级时，我对他的要求是非常严格的。尽管我并不在意他排第几名，但我要求他事事认真，追求做事的高标准。诸如，高效率、高质量地完成学校的作业，一丝不苟地对待老师布置的课外工作，和同学和睦相处……

孩子很快就会搞清楚：妈妈是专注于我的学习成绩，还是全方位地关心我的学校生活。孩子是在我们的态度和标准中建立自己的态度和标准的。

我的孩子在中国接受九年义务教育时，很少排第一名，但他的基本素质和学习能力，让他轻轻松松地跻身“好学生”之列。初中以后，学校开始大排名，大考小考对孩子们来说是一次又一次的“验明正身”。我则更多地对他说，你只要待在全校学生的前10%，就说明你所学的知识都掌握得非常好了。慢慢地，他养成了一个习惯，就是每次全市或全区统考后，他就去查同届学生的分数比。然后，他告诉我，他分别在全市/全区/全校同学中的哪一部分。

我的孩子不是学习最好的那个，但他始终是班上最会玩的那个。他在伙伴中威望很高，不是因为他学习成绩好，而是因为他的电子游戏玩得好，而且能绘声绘色地讲述游戏的故事情节。小学时，我家就在学校附近，每天放学，都是一帮孩子护送着他回家，走到楼下，依依不舍，还在听我儿子讲故事、传授游戏的玩法，每每都要我催促着才肯散去。在同学中间，他是当之无愧的班长，不是学习好，而是玩得好，因此赢得了同学们的爱戴。

他还有求必应地送给同学画作，画面都是孩子们最喜欢的游戏角色和场景。在我这里，答应给同学一张画，和完成家庭作业一样重要。因为这都是在实现一份承诺，你必须认认真真地履行。

很多年以后，偶尔一次，我从香港朋友（从事金融工作）的口中，听到了这样一种说法:“内地过来的好学生，缺少常识。常识不是在书本中得到的，是在玩中得到的。”我深以为意。

学好，玩好，生活好。这是我考量每一个阶段孩子成长质量的综合内容。如果都很好了，至于最终他考上了怎样一所大学，我不以为意。

独生子女的童年

对于独生子女家庭，鼓励孩子与孩子交往，显得尤其重要，但我们必须充分地为孩子把握交往的分寸。一味地沉浸在伙伴关系中，孩子容易丧失独处的能力；而独处惯了，孩子又难免孤僻。对于未成年人，他们还缺少完整的与人交往的经验，他们也不具备充分追求自由行动的权利。所以，他与伙伴交往的决定权与取舍其实一直都掌握在成人的手里，我们能够做到的，绝不是控制，而是在鼓励之中建立他们与人交往的分寸感。

我儿子有一个从三岁时就开始交往的伙伴，起初我们住在一个大杂院里，后来我们搬迁走了，原以为小孩子之间的交往就此会淡漠下去，没想到距离非但没有阻碍他们的友情，反而随着年龄的增长，他们之间更添了许多新的“融合点”。他们有很多共同的爱好，他们能在电话中没完没了地交流游戏机的玩法，还讨论对最新卡通片的感想，甚至在电话里绘声绘色地向对方描述一件新玩具的特点和功能。

我常常看着我七岁的儿子手执无绳电话，一边在房间里转来转去，一边眉飞色舞地同他的朋友交谈。我能够想象到电话的另一端，那个八岁男孩更为生动的样子，我会深深地感动，然而感动之余，我必须把握恰到好处的时机，提醒他们果断收线。

我们也常常给两个孩子创造见面的机会。而在这个过程中，我母亲和那男孩的姥姥、我和那男孩的妈妈，又不期然地建立起一种亲切的关系，我们友善相处，随时放心地将孩子交给彼此的家庭，我们彼此的关心慢慢渗透到生活的方方面面。我们成人之间这种美好关系的建立，更有利于我们共同把握孩子和孩子交往的尺度。

我因此而相信，这将是两个孩子一生的财富，他们从彼此的交往中已经充分领略到人与人之间的温情和信任。而他们对待事物的态度和认识，又在进一步的交流中得以朝着更多的角度、更纵深的层面发展，他们的友情在我们的把握中健康成长。

对于那种紧紧地封闭在自家大门内的家庭，尽管我不能一概而论地轻率认定人家的孩子就会缺失什么，但我知道那种生活即便是成人想要的，却一定不是孩子想要的。

我的耳边常常因此而恍惚响起窗外曾经飘过的小伙伴们声嘶力竭的叫喊声，不堪回想，我们曾经耐着怎样的性子，用胆怯的目光偷窥着父母阴沉的脸，我们心不在焉地完成着成人交代的任务，而我们内心深处，对窗外那一声声呼唤所怀有的强烈愿望，直到今天仍让我们铭刻在心。

那就不要让我们的孩子对童年有所遗憾吧。用我们昨天的渴望来满足孩子今天的渴望，这是一种补偿的同时，又是一种欣慰吧！

陆

如果家庭教育能有规划地为孩子谋幸福，针对孩子的每一年龄阶段，能将可提供的资源有效配置，就会最大限度地减少孩子从学校教育中所受的伤害。

家庭教育最重要的资源

是母亲的教育能力。

家庭教育不是学校教育的“侍从”

学校教育越是暴风骤雨，家庭教育越要谨记“身体是革命的本钱”这一崇高真理！

中国教育问题的解决之道，漫漫而修远。我始终认为充分确认家庭教育的地位和意义，其实是治疗“中国教育病”的良方。家庭教育不是学校教育的“侍从”，学校要什么父母便为孩子谋什么。父母应该成为教育资源的主动配置者。你的需要，着眼点一定落在你的孩子这一唯一个体的全面发展上。具体在体育方面，尤其显而易见。在升学率的高压下，学校为达成目标牺牲体育课、牺牲孩子们的健康，不在情理之中，但在“义务”范围内。孩子只是学校教育的工作对象，但每一个孩子都是父母人生的一部分！所以，作为父母一定谨记，你不为学校的升学率负责，你必须为你孩子的健康负责。运动是一种习惯，越早建立越易成自然。以下两点建议，万望年轻父母关注。

其一，喜欢一项可自娱自乐的体育项目。可在“铁人三项”中任取或全部拿来。有条件游泳，有路况骑车，无条件无路况跑步。

其二，参与一项竞技运动，有条件的踢足球、玩篮球、打排球，无条件的打羽毛球、乒乓球。

早下手！早训练！

“必须之事”须坚持

我想将家庭教育之体育谈透，我依旧想针对我孩子的个案，来和年轻父母探讨孩子运动习惯养成中的经验教训。

儿子从小怕水，怕到什么程度？你无法想象。儿子五岁生日时，我和先生带他去石景山游乐场玩，让他下水，他杀猪般地号叫，这是从未有过的。我们在游泳场门口僵持了一个多小时。孩子爸开始动摇，我坚定地说：第一次下水，是我们送给儿子最好的生日礼物。游泳，既是一项运动技能，又是一项生存自救技能。我将其列在孩子成长必备能力的清单上，所以我们必须开始，无论这开始有多艰辛。我已经等到他五岁了，今天，必须迈出第一步。我和先生换好泳装，他依然哭哭唧唧。我说，这样吧，你先换好泳裤挎上泳圈，看我们游。他不肯，我拉着先生扭头便走，眼看我们快进去了，他跑过来，用蚊子般的声音说：好吧。我允许他远远地观赏大家游泳，他是一步步往水边蹭，我开始用水撩他，不知不觉他已经被我抱下水了，这天之后的时光，他乐不可支，最后是被我们催着上岸的。

因为他在水里始终小心翼翼，我便没轻易送他去接受游泳训练。尽管我自己的水平只是最粗浅的，我还是坚持每周带他熟悉水性一次。直到小学三年级以后，每个假期他都接受两周的专业训练，完成了蛙泳、仰泳、自由泳、蝶泳全部泳姿的学习。每周一次的游泳习惯，只要有条件，他从未间断，春夏秋冬依旧，中考那年依旧。

对于“必须之事”，你必须坚持。于我而言，便是母亲的职责！

给孩子一种生活方式

在应试教育极其恶劣的环境中陪伴孩子成长，我问自己最多的一个问题是："我究竟要给孩子的是什么？"

我是一个必须有方向感的母亲，重要的还是这一方向所指定的目标要足以说服我自己。我儿子的小学老师乃至中学老师不停地帮我树立远大志向："箫箫妈妈，你儿子一定要考四大名校啊！"他们是指北大、清华、复旦、交大。与此同时，一本《哈佛女孩》正在火热销售中，更有眼界的父母开始将目光从中国名校转移到世界名校。北京母亲各个壮志未酬般地雄心勃勃，不断地用形形色色的课外补习去助长学校追求升学率的气焰。

我很苦闷。因为如果我也将“人大附中”设定为小升初的短期目标，放眼北大、清华，我便必须牺牲孩子所有的课余生活，包括体育活动。我认为那是错误的，所谓名校都是人生阶段性的目标，我想思考清楚的是：家庭教育的终极目标！

当我看着游泳池里儿子矫健的泳姿；当我看见他和小伙伴舞枪弄棒，有大把的时间游戏；当我看见他的绘画习惯持之以恒，画面内容日益丰富……终于有一天，我坚定地对自己说：家庭教育的终极目标是给孩子一种生活方式！

为孩子谋幸福

如果家庭教育能有规划地为孩子谋幸福，针对孩子的每一年龄段，能将可提供的资源有效配置，就会最大限度地减少孩子从学校教育中所受的伤害。

再浓烈的应试氛围，我们也总能发现有极少部分的孩子，他们可以凌驾于考试之上。他们该玩玩该乐乐，他们决不死用功用死功。他们有着超强的学习能力。遗传固然重要，但也与后天有意或无意的环境教育将其智力潜能最大限度地发掘出来不无关系。

我始终认为，中国教育的问题不完全出在学校教育阶段，综观全世界的教育，没有不重视应试的，英国A-level体系的课程深度与难度比中国有过之而无不及。美国大学的入学考试，门槛看似低，其实要进入前百分之几也是难于登天。

中国教育最重要的问题所在，是学前教育阶段没有有效地开发出孩子的学习能力，并养成良好的学习习惯。

我对幼儿园教育不以为然。中国近半个世纪何以出不来大师级的人物？社会环境固然重要，但只要你留心20世纪前半叶遍地开花的“大师们”的早期成长史，你就不难发现，那时候的中国是没有幼儿园教育的。中国大规模地发展幼儿园教育始于新中国成立后，在“妇女能顶半边天”的感召下，母亲们跃跃欲试，为社会主义建设添砖加瓦去了，孩子不在话下，58天便丢进托儿所，不理不睬，自己“混”去吧。

我便是在托儿所、幼儿园混大却始终深恶痛绝那个地方的。最简单的一件事：我最恐怖午睡，我只能睡半小时，但我必须陪着其他小朋友躺满漫长的两小时！姥姥偶尔会来，她来我就可免牢狱之苦。午睡只要醒来，姥姥就让我陪她干活，给我些力所能及的事做，其快乐远远胜过躺在床上苦等苦盼其他小朋友快醒。于我而言，幼儿园午睡的呆板规定，剥夺了我一个多小时可发掘其他自我能力的有效时间。所以，我的孩子，我替他选择放弃了幼儿园阶段的教育，因为我能给他比幼儿园更好的东西。

如果不上幼儿园

家庭教育资源的有效配置，拿学龄前教育这个阶段来说，我认为是这样的：如果一个家庭有足够的经济基础支撑妈妈做全职，而这个妈妈又愿意提升自己，完善自身教育能力；如果祖父母中某一个人完全有教养孩子的能力；如果你的邻居恰好是一位具有生活智慧、对孩子充满爱心的人……父母起码在学龄前阶段没有必要认为幼儿园是唯一的选择，幼儿园教育其实是退而求其次的选择。

我认为上小学前有半年或一年的学前班教育，适应一下集体生活，就足够了。但是，孩子留在家里接受教育，必须要有计划性、系统性，避免随意性。

幼儿园教育的课程体系是根据每一年龄段孩子的平均智力水平设计的，这就意味着一部分孩子“就高”的同时，另一部分孩子“就低”了。七岁前孩子的神经系统就像一块待开垦的“处女地”，父母的资源配置决定了这块土地的肥沃程度。遗传固然会影响一个人智力的高低，但它提供的是一个域限，孩子的智力土壤是开发到上限还是停留在下限，抑或徘徊于中等水平，七岁前已有70%成定局。土地“肥沃”（脑神经系统发达），过后你种什么才有最大的可能收获什么。当代脑神经科学研究成果有力支撑了“三岁看大，七岁看老”这一经验之说。

家庭教育最重要的资源是什么

家庭教育最重要的资源是母亲的教育能力。

我们仍拿学前教育来说。一个幼儿教师上岗前要接受至少三年的专业训练，我姑且忽略目前师范教育的诸多弊端，起码一个幼儿教师要用三年时间来熟悉和理解儿童。我向来对幼儿教师和她们的辛勤工作充满敬意。她们每天要面对十几二十几个，甚至更多的孩子，我们不要苛求她们对每一个孩子的影响力，她们已经尽力了！

但我苛求母亲！

从女孩到女生再到女人，女性前二十余年的生理及心理储备，一个重要的目标指向是生儿育女。但极少有母亲刻意为了儿女的生存质量而接受专业培训的。

母亲，是上帝赋予女人的职责，天经地义。可是，人类社会进步的速度很可能超出了上帝的预期，进步带来的是复杂性和变化性，现代社会的纷繁复杂，对人的生存能力要求越来越高。一个自然长成的孩子生存空间越来越狭小。

中国梦的实现基础其实是教育梦，教育梦的实现基础是家庭所提供给孩子的资源配置的有效性。从这个角度来说，母亲的角色任重而道远。我很欣喜地看到，而今的年轻妈妈甚至准妈妈们开始自修教育课程，摸索孩子的成长规律，深入理解自己孩子的独特性。这才是教育进步最响亮的足音！我可以用自己的切身经验告诉你：在作为母亲这条路上，你走得越远，你越接近幸福人生！

申请美国大学的启示

在进一步探讨母亲的教育能力之前，我想先来说说我对个体独特性的理解。

三年前，我的孩子决定申请美国大学，我开始深入了解美国的教育。美国大学对考试成绩的要求是一个基本要求，SATYI测试学生的语言能力和数学思维能力，此能力确保你能适应各种层次学校的课业负担；其次是GPA成绩，就是学校各年级成绩的平均值，此成绩仍是确保你有良好的学习能力。当然还有其他一些七七八八的成绩要参考。

但是，即便你的成绩再漂亮，你也未必能进入理想的大学，因为成绩只证明你和同龄人比较“共性”时，你略占上风。接下来，你要拼命寻找自身的独特性来证明你有足够的能力，为你心仪的大学做出非同凡响的贡献。大学会制定五花八门的问卷，并要求你通过写作长短文来充分展示你的与众不同之处。

学校鼓励家长参与孩子的大学申请，不是包办代替，是和孩子一起去重新发现成长经历中一切美好的、独特的体验。美国大学申请的过程给了孩子一次深刻的自我发现、自我反省的机会，到后来我深刻地意识到，结果已经不那么重要了，重要的是整个过程。

所以，我说较之美国大学，中国的高考是最“简洁”的，它只考共性不追究个性。如果我们给予孩子的教育经历仅以中国高考的成败论英雄，你就是在牺牲孩子的独特性，让相近的知识结构武装了一代人。

创造力从何谈起呢?

创造力取决于你能根据自身独特的经验给出非比寻常的结论，所以，好的教育，首先是尊重孩子的独特性。

“起跑线”应该画在母亲的脚下

“不要让孩子输在起跑线上。”

这句话提醒家长重视教育，其使用频率应该是近些年最高的。可是，我要追问一句：“究竟哪里是所谓的‘起跑线’呢？”0岁？3岁？6岁？我更愿意深入思考这句话所蕴含的未来社会对人的竞争力的要求。究竟是什么在支撑一个人在纷繁复杂的社会环境中脱颖而出从容生存呢？

我先生是做企业的，我曾问他：“你如何从一群年轻人中迅速判断哪一位值得重用？”他说：“给我不同解决问题方法的那个人，不管他的方法最终是否适用，但他一定是首先吸引我眼球的。他一定会引起我更多的关注。”

我们朋友的孩子在美国长大，大学本科读计算机，毕业后去朱利亚音乐学院读音乐史，获得音乐学博士学位。后来去应聘一家竞争激烈的软件公司，PK掉一群计算机专业的博士，公司录用他的理由是：你一定能带给我们与众不同的思考问题的角度和解决问题的方法。何谓绝对的竞争力？你是唯一的、不可替代的，你具有独特性！

我们的幼儿园教育乃至整个初、高中教育，都在建构一代人知识结构的共性，幼儿园的孩子在五大领域中接触统一、粗浅的知识，小学阶段在语、数、英之间携手打转，初、高中围绕中考、高考与唯一答案纠缠不休……

在认识到教育现实的恶劣性却无从改变的当下，根据孩子的不同兴趣与优势智能，帮助他们发现个性并建构独特性，家庭教育不应成为学校教育的简单延续，而一定是个性化的补充教育。

从这个角度而言，“起跑线”应该画在母亲的脚下，而非画给孩子。

立“三观”

我从自身的成长发现，其实最终左右我生命质量的还是“三观”。

世界观决定了我理解这个世界的角度，人生观决定了我对待生活的态度，价值观让我学会选择和取舍。

反视自我的成长历程，我非常感激我的父母，他们在教导我明辨是非的过程中，帮助我建立起朴素的“三观”。我更感激母亲自小帮我养成的良好的阅读习惯，我用广泛的阅读来校正自己的“三观”，健康的“三观”引领了我的生命方向。所以，我深刻地意识到帮助我孩子树立“三观”的重要性。

作为母亲，最重要的一种教育能力便是自我反省的能力。你要时常检视自己的“三观”，因为你的“三观”决定了你孩子的“三观”。“三观”的树立，是通过点点滴滴的生活细节日积月累地逐步浸润，你的一个眼神儿、一种语气、不经意间的一句评价……都是你内部“三观”的外部表征，孩子随时随地通过自己敏锐的感知力在接收你所传递的信息，这些信息日积月累构建起他自己的“三观”。

在我的孩子15岁以前，我努力做到成为他最信任的人。无论他在外面经历怎样的喜怒哀乐，我都希望他第一时间与我分享，我试图提供他建设性的解决问题的方案。当他认为学校作业过于简单，用不用心写都无所谓时，我严厉地告诉他，认真完成作业，是一个小学生的责任，你承诺了按时交作业，就必须漂漂亮亮地履行承诺，这事关乎你未来是否是个守信之人；当他告诉我他讨厌班主任老师时，我说，你有权利讨厌任何人，但是你必须学会和你不喜欢的人相处，因为这辈子无人敢保证你永远和喜欢的人相处；当他告诉我某某同学很可怜，总是被老师骂时，我会和他共同探讨老师骂人背后的原因……

如果母亲缺乏自我反省的能力，不能时时检视自己的“三观”是否阳光和健康，一味求全孩子，是无力且无效的！

年轻妈妈需要的“五观”

为母亲，仅有健康的“三观”还不够，还要额外加上“两观”：儿童观与教育观。

简单说，儿童观决定你如何看待儿童的问题。你将孩子当小猫小狗养与将其作为和你一样的人来尊重，结果会大相径庭。你不会尝试和小猫小狗耐心讲道理，但你可以养成与人（孩子）的良好沟通习惯与方式。

我在院子里散步时，常遇见两位母亲，她们的孩子都在一岁半左右。一位母亲将孩子放在小车里推着满院子转，从来不见她和孩子讲话，我就觉得她还不及那个遛小狗的大妈，大妈对她的小狗还絮絮叨叨呢。

另一位母亲，总是蹲下来，要么和孩子一起看蚂蚁，要么用小棍和孩子一起挖小坑，一边做一边说。孩子不太理她，但我相信他在养成倾听的习惯。

我相信这两位母亲和她们的孩子即将形成两种全然不同的亲子关系。一个疏离，一个亲密。前者往往沟通艰涩，后者有最大的可能交流顺畅。根儿上，是儿童观决定的。

我们在儿童观的基础上形成了教育观。

所谓教育观，在我看来就是拷问我们：是否相信人在成长中的可塑性；是否相信教育的力量与教育的艺术，足以引导一个孩子健康成长，并指向幸福人生。你信，你才会用心学习与思考教育的细节；你不信，你的孩子便可放任自流，“儿孙自有儿孙福”。

我相信可操作性的教育方法对年轻妈妈更加实用，但我更相信“认知决定行动”。所以，我们要首先解决“五观”的问题。没有这个前提，任何方法在他人处适用，在你这里未必有效！

教育能力体现在细枝末节里

早上，在院子里散步，见到几个孩子在成人的陪伴下玩耍。院子不大，他们却是各玩各的，彼此不理不睬，成人之间也冷冷落落，都紧紧盯着自己的孩子。

我见到有人将一只大矿泉水瓶子放在垃圾桶边上，16个月大的男孩捡来当球踢，踢够了，转身就走，瓶子横躺在小径中央，他的阿姨带着他就要回家了。我紧追几步拉住那孩子，要求他把瓶子放回原处，阿姨脸一红说，对了，快放回去！他做到了。他如果做不到，我会要阿姨和他一起做。

15个月大的男孩非常幸运，照看他的阿姨一直在鼓励他在滑梯上攀上爬下，并念念有词，唯一遗憾的是她视另一个同样在滑梯上玩的男孩为空气，自始至终，两个男孩没有任何交流。我多么希望阿姨能用语言提醒他另一个小伙伴的存在，并有意将两个孩子拉近，哪怕拉拉手表示一下友好都可以。可是没有，两个孩子全当彼此为空气。

一个三岁的女孩一直在树根下玩沙滩玩具，她的妈妈始终叉着手作旁观状。那个被视作空气的22个月大的男孩，不甘寂寞地跑过去想和小姐姐一起玩，他刚想拿起一只小铲，便引来女孩的大声尖叫，她拒绝别人动自己的玩具，男孩跑开了，女孩妈妈说："温柔点儿！"继续叉手旁观。

所有孩子之间的社交问题，其实都是成年人不经意间助其养成的。你千万不要只盯着自己的孩子，只有那个"叉手妈妈"学会主动借一只小铲子给其他小朋友，并和他一起玩，她的女儿才能学会善待小朋友。

细节，细节，还是细节啊！

教育能力体现在细枝末节里。

我的择校观

课业成绩是当下中国学校教育的唯一评价标准，优等生与差生一刀切。小升初、中考、高考的结果，是阶段性评价教育成功与否的绝对指标。

我并不认为这有错，而是有失偏颇。

其实任何国家的学校教育终极指向都是各级各类名校，所不同的是没像我们这般，在家长的推波助澜下，走得如此极端甚至邪恶。这样说，毫不过分，因为它已经在摧残孩子，摧毁美好的童年了。

我常说，家庭教育应该是学校教育的补充而非简单延续，就是提醒家长要有理智，别随波逐流。即便上名校是唯一出路，你也不必头破血流，仍有他途可行。

其实，直到初三下学期，我的孩子都没真想出国，他免了幼儿园教育，上了极普通的小学和初中，连个重点班都没上过。小学和初中，我为他择校的标准是：班级孩子的智力水平常态分布。智商高和低的人占少数，绝大多数人处于中等水平，成绩平平。刻意避开尖子生云集的所谓名校及重点班；班上孩子的家庭背景多样化，每个孩子都是一本与众不同的小人书，带着其家庭的深刻印记。第一点，孩子在班级这个小群体里不拼成绩，也没压力，只做最好的自己，第二点，避开权贵阶层子弟集中的小环境，养成平常心。只有这样的学校教育环境才能为家庭教育腾出充分的时间和精力。记得在上海朋友帮忙介绍学校时，校长拿着儿子的小学成绩说，这么好的孩子上我们学校的平行班可惜了。我说，不可惜，只要老师别留太多作业就行。校长说，留什么太多作业啊，留了那些差生也不写。我说，那太好了，就上这个班吧。在座老师都用异样的眼光看着我，好像没见过我这么不负责任的家长似的。

每一个成长阶段都应该丰富而饱满

我很反感让孩子太早进入一种竞争激烈的环境里，特别是过分比拼学业成绩。

人的每一个成长阶段都应该是丰富而饱满的。一个不会玩只会考试的孩子，少了丰富多彩的童年记忆。特别是好学生云集的名校，孩子们都忙于在形形色色的补习班穿梭，埋头课业，哪有心思顾及其他呢？老师和家长也绝不允许他们有非分之想。

儿子读小学时最好的玩伴性情有点儿软弱，他们不在同一个班，这个孩子总被班上一个顽皮的男生欺负，儿子就去打抱不平。有一阵子两伙男孩课间总是在操场上对峙，较量，比气焰。

儿子上初中时，班上有个特顽劣的男生，和另一个男生发生冲突，招来社会上的一些大孩子来学校，儿子就和班上绝大部分男生一道应战，两伙男生在校外的一个小区里一副打群架的架势。那一刻，我替儿子背着书包，只在场外旁观。最后，两伙孩子自行和解。

我觉得，这些成长的经历于一个男孩子的身心远比书本知识重要。

养成阅读习惯与学习阅读莫混淆

接触年轻父母，让我有一种特别的感受，就是他们过于在乎孩子学习过程的兴趣性。我当然也在乎，可我更上心的，是帮孩子区分哪些事是必须做的，哪些事是喜欢做的。

就阅读学习而言，识字是基础，是必须做的，没什么过多的花样，最好的办法就是反复强化，建立“形和音”之间的联系。事实上，这是学龄前孩子的强项，想想他们是怎样把电视叫作电视，将奶奶称呼为奶奶的，汉字并不比实物长相复杂且难以辨认和区分。

培养阅读习惯，则要从兴趣出发，将其发展为喜欢做的事情。事实上，喜欢听故事几乎是人的天性，而阅读无不从读故事开始。但是，识字仅仅是阅读学习最基础的部分，并非以量取胜。我少时有个同学的弟弟三四岁便会朗朗读报，所有人都称其为天才，其实只要家长用心教，几乎所有的孩子都能做到。可是，这远远称不上“自主阅读”。所谓“自主阅读”，最重要的还是考验孩子对阅读内容的理解。这是阅读学习的核心部分。“我读”与“共读”的质量决定了“自主阅读”阶段孩子理解水平的高低。

家庭语言教育的重点

我始终都是一个在使用工具方面比别人慢半拍的人，但唯独使用语言这个工具，既是我的强项又是我的兴趣所在。书面语言的表达能力帮过我很多忙，无论是生活中与人的沟通，还是工作时完成这样那样的写作任务，我就像天生比别人多出一对翅膀，可以在文字的天空中自由翱翔。我非常清楚，那有多广袤又有多惬意。

当我有了自己的孩子，我最渴望他能和我一样找到栖息在文字中的无限乐趣。驾驭书面语言的基础取决于我们每个人语词库存的丰富性。

学龄前的孩子从咿呀学语到流畅表达，口头语言的发展速度突飞猛进，令人惊叹！无疑，这段时间就是所谓语言发展的关键期。孩子自主阅读的基础是口语的表现力，一个口语表达能力非常强的孩子，阅读时，才能对阅读材料达到真正意义上的理解。所以，家庭语言教育的重点不在于让孩子识几千字，而在于不断地通过讲述，丰富孩子的语词库存。童书的阅读掌握六百左右高频字足矣。此外，我来判断一个教者的基本素养，首先是他语言的表现力。

附录

家庭音乐教育点滴

培养孩子对音乐的感情

只要有条件，孩子的音乐学习最好从钢琴开始，但不是说学了钢琴就不能学其他乐器了。通过学习钢琴，很多音乐素养就培养起来了。孩子大了，对其他的乐器又有了了解，这个时候要让他自主选择，管乐弦乐都可以。

其实人和乐器就是伙伴关系。我儿子当时学钢琴，那个时候我们生活很动荡，经常搬家，他4岁开始学到15岁，我买过五架钢琴。到了一个地方，我们家徒四壁，但第一件事就是先买钢琴，因为我的出发点是，我儿子可能一辈子都不爱这个东西，但我想培养他和它的感情，就像他的一个朋友，是他的一部分。通过儿子学音乐的过程，我意识到，其实那不单纯是孩子和一件乐器之间的感情，而是和音乐本身的感情。我儿子到今天也没有爱上钢琴，钢琴甚至成了他的敌人，这是我老公经常嘲讽我的一个话题，他说“你的音乐教育是个失败的教育”，但我不这样看。

我儿子申请完大学的两个月暑假是非常轻松的，我们问他怎么打算。那时我们有一个朋友的女儿在香港银行做到一个很高的位置，她说“可以让你儿子来我这儿实习”，还有一些其他的选择，比如旅行，但是最后我儿子选了什么？回国正式跟他舅舅学声乐。所以，其实我们不要急，只要慢慢给他，音乐在他心里已经扎下根了。

音乐学习，一场漫长的亲子较量

等孩子开始学音乐，一个阶段一个阶段遇到的各种各样的问题都会出来：选什么样的老师，怎么跟老师配合，在家怎么安排练琴时间，用什么样的态度对待他每一次练琴的情绪，这些其实是在学习音乐的过程中非常细致的问题，也非常复杂。我儿子在国内一级都没考，我觉得他本身对钢琴很反感，所以我从来对他的态度都是，弹琴是你每天必须要做的一件事，每天都要弹十分钟，你今天说恨啊，一个音都不想弹，那你就给我在钢琴跟前坐十分钟，这是你今天必须要做的一件事。但是到后期他主观意识非常强的时候，就不能用这种方法对待他了。我看他这段时间实在是情绪低落得不得了，就让他停一段时间。父母要不断调整，要做好心理准备，只要让孩子学上音乐，这就是一个痛苦而漫长的较量过程——亲子较量。

音乐对我们普通人来说，其实是一种欣赏，它带给人的是愉悦，但是很多事情我们如果把它当作一项任务，就需要用意志力来完成了。让孩子通过意志的努力学会做一件事，永远都不会是轻松的。

钢琴学习，兼具各种早教功能

钢琴的学习还有一个重要的意义，钢琴的读谱非常难，一个孩子如果能学会钢琴读谱，对他未来很有益处。为什么说学音乐的孩子特别聪明？就是因为钢琴要解决的读谱问题，是最难的一种阅读。我们说文字是一种阅读，其实读谱是一种音符的阅读，所以孩子学钢琴，是从一个比较高的角度切入进去的，就从读谱这个角度来说，读两行和读一行是完全不同的。再一个，钢琴是两手弹的，双手要协调，还要和眼睛与谱子协调，看着谱子弹，训练协调能力。左手练右脑，我们再怎样接触玩具和运动，右脑的开发都是有限度的，但是钢琴是用左手用得最多的。所以，钢琴不但是音乐的学习，还是训练孩子左右脑都得到很好开发的乐器。

小提琴基本上右手是大臂的活动，左手也能得到训练，但没有钢琴这么全面。

手指小肌肉群的运动，训练协调性，钢琴也是最好的训练工具。

我儿子从小就不喜欢运动，后来他说要学骑自行车，十分钟就学会了，他的平衡感很好，包括后来打篮球。他打篮球其实很晚，去英国读高中才开始，但是现在打得很好，是他们篮球队的队长。一项运动，只要想去做，他很快就能把它做得很好。他不是一个运动型的孩子，我觉得都是小时候弹钢琴训练出来的。因为弹钢琴训练他的运动神经，他的协调性等各个方面，都得到了训练。

还有一点也很重要，就是学习乐器能训练孩子的控制力。音长就是在训练他的控制力，比如说两拍、三拍休止，这是非常精细的控制。哪一项运动能这么精细地训练孩子的控制？他要非常精准地把一支很小的练习曲弹出来，就必须学会控制，一拍两拍要把它弹得饱满。

所以音乐学习本身，绝对不是单纯地学会演奏一件乐器，我们必须让家长理解什么是素质教育——不是考证考级，这个证这个级能让你的孩子上一个什么样的学校。我们要挖掘更深入的东西，是能够给你的孩子比考级拿证更内在的一些东西。

学钢琴之后

学钢琴仅是一个入门，到了小学高年级，这个基础奠定了之后，家长开始让孩子选第二种乐器。钢琴不太好的地方是参与性不强，参与不到乐队的演奏里去，所以学钢琴的孩子表演的机会不多，但是乐队里，管乐有很多人，弦乐也有很多人，

孩子学的如果是管乐弦乐，可以很好地参与到乐队演奏中去。我们最终的目的是什么？其实就是孩子出国读书也好，在国内读书也好，他能够在大学乐队里担当一个角色。我在国外最喜欢的就是看到那些孩子下了课，提着大提琴、小提琴到音乐厅去的情景。

我在伦敦时就住在皇家音乐学院附近，它是对外开放的。孩子们课余时间会在那里排练，我坐在一个角落，看他们排练。最令我感动的是一个黑人乐队，那些孩子都是高中生，他们是一个教堂的小乐队，一人演奏一种乐器，也就是八个人，每个周末都去，完全是黑人

音乐，看他们排练其实并不能完整地领略整部作品，但是那真是一种享受。孩子学一种乐器，最终就是让他享受这种生活，所以，第二种乐器就让他选择一件最容易进入乐队的。

后记

教育考验父母的是什么？

过去18年，无论为人妻还是为人母，我坚持依据自己的判断做正确的事情，而非做大多数人都在做的事情。我坚信我们每一个人都是独立的生命个体，我们有各自的优势和不足，我们要倾注一生关注自我成长，发扬优势弥补不足。我们可以从他人的经历和经验中汲取生活智慧，但到头来，我们必须依据自己的需要和条件，做出独特的人生判断和选择。

几乎所有的孩子都上幼儿园了，我则让孩子留在家里，我认为就我们的家庭资源而言，孩子留在家里接受母亲和外婆的教育，更优于幼儿园教育。

当邻居的孩子都去读两站地之遥的一所著名小学

时，我的孩子入读了与家仅一墙之隔的一所普通小学。因为我不认为目前的中国名校是真正意义上的好学校，它集中了权贵阶层的子弟，教师们被滋养得多了功利心，少了平常心。我不想我的孩子过早地浸染在那个群体里，我要他从小养成“和国王的儿子在一起不卑，和鞋匠的儿子在一起不亢”的好性情。

我清楚地记得儿子的一位小学同学的妈妈说过的话，她将孩子转去了一所名校，然后对我说：“那些卖菜的（家长的）孩子真让人无法忍受。”我不知道她具体不能忍受什么，我的孩子有很多玩伴都是打工子弟，他们学习上的确有问题，行为习惯也不尽如人意，但他们身上最大程度保持着一个孩子的童稚和天真，他们依旧能将石头泥巴当宝贝玩。我儿子小学阶段最好的两个玩伴，他们在老师眼里都不够优秀，但在我眼里，他们都很有趣，三个孩子在一起滔滔不绝，到了小学六年级还能将一条浴巾当披风，扮演游戏角色，演绎游戏中的情节。在我心里，这才是真正属于孩子的生活。

儿子小学毕业后，我们迁居上海，先生要找关系进名校，我说，算了，就上小戴（先生的上海司机）的母校吧。小戴就去找他的老师，他的老师带我们去找校长，校长拿着我儿子的小学成绩册看来看去，然后说：“这么好的孩子进我们学校可惜了。因为他没有上海户口，是绝对进不去重点班的，普通班，我们的生源很差。”我说，没关系，就上普通班吧。

儿子初二时，我们的户口迁进上海，学校领导主动提出给我的孩子转到重点班去，我们征求儿子的意见，他说：“我不去，因为我们班的男生很牛，只要我们往篮球场一站，一班二班（重点班）那些书呆子放下球就跑了。”我开玩笑说：“噢，明白了，好人怕坏人！”儿子理直气壮地捍卫他的同学：“差生怎么了？差生很仗义！”我儿子初中三年，做了两年半的班长，他管理的班上有全校最“坏”的学生（后来被学校开除），但即便是这样一个令学校忍无可忍的学生，我儿子还是能看到他身上的优点，对他充满了同情。他说：“其实吴刚很不幸，没生在一个好家庭，他的父母不负责任。”

班上还有一个智力上有缺陷的男生，总是被同学欺负，我儿子就成了他的保护伞。我感受得到那孩子很爱我儿子，连对我也格外地亲昵。

初中三年，儿子连一所普通学校的好资源（好老师）都没享受到，但中考时，学校还是将仅有的十几个“推优生”的荣誉给了我的孩子。

回首儿子国内的九年义务教育，小学时，最大的收获是唤醒了他的“同情心”；初中时，最大的收获是他学会了说“不”。在我的教育观里，这些做人的品质与习惯，远远比好成绩更有价值。

当然，我必须承认，替我儿子做如此选择，所要承担的风险是巨大的，但整个过程还是在考量我们做家长的在孩子身上究竟肯于付出多少，我们是否有足够的耐心和教育能力，其中更重要的是——必须有一颗平常心。